U0461705

# 我国企业家精神的
# 内涵与影响研究

Research on the Connotation and Influence of
Entrepreneurship in China

陈美瑛　著

经济管理出版社
ECONOMY & MANAGEMENT PUBLISHING HOUSE

**图书在版编目（CIP）数据**

我国企业家精神的内涵与影响研究/陈美瑛著 . —北京：经济管理出版社，2023. 4
ISBN 978-7-5096-9004-8

Ⅰ. ①我…　Ⅱ. ①陈…　Ⅲ. ①企业家—企业精神—研究—中国　Ⅳ. ①F279. 23

中国国家版本馆 CIP 数据核字（2023）第 075355 号

组稿编辑：范美琴
责任编辑：范美琴
责任印制：黄章平
责任校对：张晓燕

出版发行：经济管理出版社
　　　　　（北京市海淀区北蜂窝 8 号中雅大厦 A 座 11 层　100038）
网　　址：www. E-mp. com. cn
电　　话：（010）51915602
印　　刷：唐山昊达印刷有限公司
经　　销：新华书店
开　　本：720mm×1000mm/16
印　　张：8. 25
字　　数：113 千字
版　　次：2023 年 5 月第 1 版　　2023 年 5 月第 1 次印刷
书　　号：ISBN 978-7-5096-9004-8
定　　价：88. 00 元

# 前　言

　　本书梳理并分析比较了我国自晚清时期到现在企业家精神的演变及其对时代的影响。根据不同的宏观环境特点，将时代划分为六个阶段，包括晚清时期（1840～1912 年）、民国时期（1912～1949 年）、新中国成立到改革开放前期（1949～1978 年）、改革开放时期（1978～1992 年）、深化改革时期（1992～2000 年）、互联网时期（2000 年至今）。通过多维度二手数据的收集和分析，采用专家打分法，本书着重梳理了 15 位代表性企业家的创业过程和经典事件，并分析其企业家精神。

　　可以发现，每一个时期都有其独特的外部环境，典型企业家们呈现了不同的企业家动机和技能，他们利用多样化的创新手段，发扬了那个时代别具一格的企业家精神，对当时乃至后来的时代产生了深远的影响。

　　本书的主要结论是：

　　（1）企业家精神可以分为环境驱动型企业家精神和创新驱动型企业家精神。环境驱动型企业家精神是外生驱动，可持续性较低；而创新驱动型企业家精神是内生驱动，可持续性较高。

　　（2）从晚清时期到现在宏观环境的变化明显。政策方面，逐渐从主导转向扶持为主，对创新创业企业、高新技术企业、高速发展行业等的扶持力度加大；科技方面，逐渐从直接引进为主转变为模仿及本地化到出现领先世界的技术；社会文化方面，企业家地位显著提高，城镇化加速，消费需求增加，对新技术的包容性增强，人口密度越发集中。

（3）企业家精神在中国语义中体现了独特的特点。无论是在动荡的年代还是高速稳定发展的年代，企业家都体现出明显的爱国热情和社会责任感。

（4）企业家精神在不同时期推动了时代的发展。晚清时期，企业家精神创造了工业化发展的开端，民国时期加速了工业化和资本化建设，新中国成立后工业化建设加快，改革开放时期推进了市场化建设，深化改革时期工业化、城镇化、资本化快速发展，而互联网时期则是带来了全面的五化发展。可见，企业家精神与外部环境的变化相互作用，创造了机会并带来了创新。

# 目　录

# 1

# 绪　论

## 1.1　研究背景和研究意义

习近平总书记在 2020 年 7 月召开的企业家座谈会中提到"要激发市场主体活力，弘扬企业家精神，推动企业发挥更大作用实现更大发展"。2021 年 9 月，"企业家精神"更是作为伟大精神被纳入中共中央宣传部梳理的中国共产党人精神谱系。企业家精神的重要性体现得淋漓尽致。

被频繁提到的企业家精神究竟是什么？作为一个"舶来词"，可能大多数人对它真实的含义一知半解。很多人把"企业家精神"等同于某种"精神"，比如"创新精神""吃苦耐劳的精神"等，将其作为一种内心信念或者心理现象的名词理解。然而，这与"企业家精神"最初的含义存在一定的差距。虽然在认知上存在差距无可厚非，但在任何一种文化中，一个新的概念在融入过程中都要经历分解、同化和融合。

我们在讨论企业家精神在中国语境中的内涵之前，首先要明确它最初的概念。企业家精神（entrepreneurship）一词是由法国经济学家理查德·坎蒂隆（Richard Cantillon）于1730年首次提出的，用来描述企业家组织建立和经营管理企业的综合才能。而企业家是所有自我雇佣的一个群体，他们愿意为了获取未来利润承担风险（Outcalt，2000）。在这之后很长一段时间，企业家精神被认为是一种自我雇佣行为或者意识，是积累财富的过程。奈特（Frank Knight，1921）在坎蒂隆的贡献下进一步解释道：企业家精神是预测市场变化并进行市场活动的行为。后来，蒂斯特·萨伊（Jean-Baptiste Say）将企业家精神描述为一种将经济资源从生产力较低到生产力较高位置转移的行为，在这个过程中需要将各种生产要素与信息、经验结合起来组织生产。

这些理论都是企业家精神的早期定义，而真正影响企业家精神理论发展的当属熊彼特（Schumpeter，1934）和柯兹纳（Kirzner，1973）两位著名经济学家，他们分别提出了创造理论和发现理论用以描述企业家与机会之间的关系，以此解释企业家精神的内涵。

具体来说，熊彼特提出的创造理论，将企业家精神定义为一种创新行为——企业家是创新者，他们在市场里创造变化，变化创造了机会，企业家就是创造机会的人，企业家与机会之间是有主观联系的（Schumpeter，1934）。因此，企业家精神往往伴随着一种新的产品或服务的出现，或者组织方式的转变，新市场、新流程或者新材料的产生。而柯兹纳则认为，机会是客观存在于世界的，企业家是一群发现机会、利用机会，最终创造财富的人。从某种程度上来说，企业家是套利者（Kirzner，1973）。这两种观点代表了目前企业家精神最主流的声音。

那么，企业家精神在中国语境中是否也延续了西方学者的定义？可以看出，西方国家从第一次工业革命开始，企业家精神就不曾停滞，直到今天，西方国家工业化、现代化的进程相较中国仍然进步很多。李约瑟在他的《中国科学技术史》第一卷中发出了这样的叩问：为什么中国没有产生近代科学

（李约瑟和袁以苇）？从公元前 1 世纪开始维持将近 1700 年的科技领先地位之后，中国却输在了工业革命这一历史性时间点。这也是我们在研究企业家精神时提出的疑问，即在某种程度上作为创新近义词的企业家精神为什么没有首先出现在中国，推动科技创新并推动我国工业化发展？

答案可能为中西方内外部因素存在巨大区别。西方哲学所提倡的是理性认知，理性和逻辑构成了西方近代科技诞生的摇篮，他们所信奉的价值传统是理性与规范，公平与宽容，批判与创新，效率与协作。而中国在过去追求的是实用性，归结于经验技术。中国古代的发明更准确的表达应该是技术发明而非科技发明。而且中国儒家传统思想中的"重农轻商"对企业家精神产生的抑制也非常明显。

直到晚清鸦片战争之后，西方工业和科技传入中国引发国家精英阶层对革新的思考，最终兴起洋务运动并开创了中国工业化、现代化的新纪元，才真正开始唤醒我国企业家精神。从晚清开始，出现了官宦出身的企业家、知识分子出身的企业家、买办出身的企业家等，通过学习西方科技以"师夷长技以制夷"。后来，随着清朝的覆灭，尽管当时波及了一批优秀的企业家，但企业家精神的种子却绵延不断地繁衍了下来。虽然在新中国成立后有一段时期因为计划经济而对企业家精神有过一次沉重的打击，但是中国的企业家精神却没有受到挫败，特别是在东南亚、港澳台等地区继续蓬勃发展，为后来改革开放后的中国注入更多生机。而今天，我们可以更自豪地说中国已经成为世界第二大经济体，各种创新的经济模式推动着我国的经济发展，企业家精神在其中发挥着至关重要的作用。

可以发现，企业家精神在我国的发展经历了漫长的时间，在这个过程中，它的内涵和影响也在不断演化。

那么，再回到前面的问题，企业家精神到底是什么？它在我国经历了多年实践和研究，演化出了怎样的内涵？

最初中国学者引进企业家精神时是基于熊彼特的创造理论，并且随着政策文件出台和媒体的进一步渲染，企业家精神在最初被等同于创新精神而被认知。进一步说，熊彼特描述的企业家精神是对经济的一种"创造性破坏"，本质是一种创新行为。如果没有创新，那么经济只是一种循环往复的过程，经济增长只是数量的累计，不会创造本质的飞跃。而创新会突破这种闭环，当经济低迷时，创新可以带来经济结构革命性的破坏，产生经济发展。创新会被模仿，模仿打破垄断并吸引大规模的投资，从而带来经济的繁荣。当这种繁荣吸引足够多的行业时，盈利机会趋于消失，经济逐渐衰退，便开始期待新的创新。整个经济体系在这种繁荣、衰退、萧条和复苏的阶段中周期性地增长，而创新是这一发展的根本要素。

随着我国经济、科技、社会文明等不断发展，给企业家精神赋予的含义也越来越多，对我国现代化发展进程产生了深远的影响，但创新精神仍然是企业家精神的首要内涵。可以发现，企业家精神在最初进入我国时主要是以名词的形式被解读，更趋于精神层面的概念。

然而，需要说明的是，企业家精神并不仅仅是一种精神层面的品质，而是一种行为，一种创业的行为。在不同时期，企业家为了各自不同的目标开展创业活动，体现了外部环境和内部特点的相互作用，是有其独特内涵支撑的。比如，晚清时期，企业家精神体现了企业家富国、强国的目的，其主要手段是"师夷长技"，而民国时期，企业家精神反映了企业家们救亡图存的目标及其爱国情怀，机会点也主要是结合国家需求等。

可见，我们在解读中国语境中的企业家精神时，既需要了解企业家，又需要了解他们的行为，更需要了解当时的环境。本书通过介绍处于不同时代的企业家，结合当时他们面临的时代背景，遵循时代流动的脉络，梳理当时客观环境和企业家精神的相互影响，解读企业家精神在我国语境中的内涵及其影响。

企业家精神对创造就业机会、提升生产效率、提高创新能力和促进经济快速发展都显示出积极的影响（Van Praag & Versloot，2008）。例如，欧盟（European Union）2018 年的统计数据显示，98.9%的注册企业为小型企业（从业人数少于 49 人），中小企业数量占比超过了 99.7%，并且提供了约 8390 万个就业岗位，占欧盟总就业人数的 67%。Nallari 和 Griffith（2011）也认为，创业对经济增长和发展做出积极贡献，创业既是一个经济结构转型的过程，也是就业增长的主要催化剂。此外，企业家精神也被普遍认为是创新的引擎。Baranano、Bommer 和 Jalajas（2005）认为，虽然规模小，但小公司贡献了大量的专利和创新。一些人还认为，由于小公司更加灵活，所以它们是更好的创新者（Koberg，Detienne & Heppard，2003；Qian and Li，2003）。

可见企业家精神从宏观层面对一个国家的发展具有非常显著的积极影响。随着这种认知的不断深化，探索企业家精神的前世今生，提炼其内涵和时代影响，可以指导我们更好地发扬企业家精神，为现在的研究提供更好的知识背景，具有很强的现实意义。

## 1.2　研究问题和研究结构

本书的主要目的是通过分析企业家精神在中国出现以来与宏观环境之间的相互作用，来探索它的内涵和时代影响。为了完成这一研究目的，本书所要探索的相关研究问题主要有以下三个：

（1）时代背景对企业家精神产生了怎样的影响？这一部分主要是从四个层面进行阐述，即外部环境的政策变化、经济变化、社会文化变化以及科技变化（PEST 分析）。从这四个变化中探索当时创业者所面临的主要外部环境，结合柯兹纳的机会发现理论探索当时创业者面对的创业机会是什么。

（2）不同时期的企业家体现了何种企业家精神？这一部分主要是通过对二手数据的梳理，从多名企业家中选择具有代表性的创业者，对其主要创业活动内容进行梳理，识别当时创业者的主要创业特征，结合时代背景探索创业者企业家精神的内涵。

（3）企业家精神对当时的外部环境产生了怎样的影响？这一部分探索代表性企业家的创业活动究竟对当时以及之后的时代产生了何种影响。

基于上述三个主要的研究问题，本书将分为以下六个部分。

第一部分：绪论。主要介绍本书的研究背景与研究意义及研究问题和研究结构。

第二部分：企业家精神理论回顾。这一部分将梳理与企业家精神内涵相关的文献，包括企业家精神与创业机会、企业家个人特质以及企业家创新能力三个层面的研究，并提出本书所研究的问题。

第三部分：研究方法与研究框架。这一部分将介绍本书选用的研究方法，主要是文献分析法与专家评分法。重点介绍本书如何通过专家评分法筛选出对时代具有极大影响力的企业家。除此之外，这一部分还将结合文献综述与提出的研究问题提炼研究框架。

第四部分：企业家精神的外部环境变化分析。通过对各个时代政策环境、经济环境、社会环境以及科技环境的梳理，对影响创业活动的环境进行分析，为提炼外部环境对创业者行为的影响作用提供基础，展现不同时期创业者外部环境的不同影响作用。

第五部分：各时期企业家精神的内涵与影响。对不同时期典型企业家的创业事迹进行分析，分别从他们的机会、个人特质、创新之处方面对个人创业事迹进行梳理，进而探索企业家创业活动与外部环境之间的关系，探究各个时期企业家精神的内涵。

第六部分：结论和局限。对全书进行总结，回答本书讨论的最终问题，企业家精神在我国的发展进程中具有什么内涵，并且对时代产生了何种影响，提炼出普适性的结论，同时，对研究的不足提出展望。

# 2

# 企业家精神理论回顾

企业家精神（entrepreneurship）最初由法国经济学家理查德·坎蒂隆（Richard Cantillon）于1730年提出。企业家精神最开始被认为是一种自我雇佣的行为，而企业家就是承担风险的人，因此企业家精神就用以描述企业家组织建立和经营管理企业的综合才能。企业家即一类套利者或者投机者，他们在承担风险的同时进行交易活动，以确定的价格获得某种产品并以不确定的价格卖出。因此企业家精神被认为是一种自我雇佣的行为，是一个积累财富的过程。

随着经济社会文明的发展，企业家精神也被赋予了更多含义。Say（1843）提出企业家是协调生产要素的人，企业家们站在经济活动的中心位置分配经济要素，将经济资源从生产力较低的地区转移到生产力较高的地区，并将各种生产要素与信息、经验结合起来组织生产，最终目的是提高生产效率。而Knight（1921）认为，企业家就是进行市场预判并且在市场变化中行动。他将企业家看作是机会主义者，并将企业家活动看作是评估风险调整回报率后所做出的最优决定。因此，Knight认为企业家精神与风险评估以及风险承担密切相关。

熊彼特提出了创新理论，将企业家精神定义为一种创新行为，企业家则是创新者，他们在市场里创造变化、发现机遇并且通过创新的方式挖掘这些机遇（Schumpeter，1934）。因此，企业家精神往往伴随着新的产品或服务的出现，组织方式的转变，或者新市场、新流程、新材料的产生。

根据熊彼特的"创新理论"，企业家活动是产生经济增长和出现经济周期的主要原因。他所定义的"创造性破坏"指出，企业家通过创新取代旧产品和生产流程，造成经济冲击，之后会出现一波竞争者的快速模仿。随着机会窗口逐渐减少，模仿和跟随带来的经济快速发展将逐渐趋于稳定，这段时间企业家精神暂时停止直到下一个创造性破坏。然而，熊彼特的创新理论也有一定的局限性，比如，他否定了企业家们是风险承担者，他认为经济活动中承担风险的是资本家；再比如，他认为企业家精神最终会消失，因为行业垄断者们会组织团队承担 R&D，因此会使企业家精神消亡。

Shane 和 Venkataraman （2000）将企业家精神定义为探索创业机会是什么、何时以及如何产生、发现以及挖掘的过程，从这一角度来说，企业家精神就是一个围绕着机会产生的一种活动。

之后也有如柯兹纳、德鲁克等著名的经济学家、管理学家对企业家精神赋予了定义。比如柯兹纳提出企业家本质上是套利者，他们的主要职责是通过发现和利用机会获取利益（Kirzner，1973）；德鲁克提出企业家就是创立一个新的组织或者企业，不一定必须获取利益（Drucker，1985）。柯兹纳将机会当作一个生产要素来解读企业家精神，而德鲁克则是从管理学的角度将企业家精神看作是建立和运营企业的过程。

综合以上的文献梳理，我们可以将企业家精神的内涵归结于三点：一是企业家机会（opportunities），二是企业家个人特质（entrepreneurial personal attributes），三是企业家创新能力（innovation）。下面将对这三个概念分别进行解读。

## 2.1　企业家机会

根据 Shane 和 Venkataraman（2000）对企业家精神的定义，企业家精神就是一个围绕着机会的行为过程。这一过程涵盖了发现机会、评估机会、挖掘机会一系列的行为，在这一过程中产生新的产品、服务、商业模式等。因此，发现和利用机会是产生企业家活动的基本过程。

机会实质上是具有时间性的有利情况。在企业家精神的研究中，创业机会被认为是一种可以以高于生产成本的价格引进和销售新产品、服务、原材料和组织方法的情况。简单来说，"创业机会"是创业者可以采取某种行动来获取利润的一种"形势"。德鲁克（1985）在《创新和企业家精神》一书中对创业机会的概括是"对资源利用方式变化的反应，如政治、监管或人口变化"。

在创业机会的研究中存在着一个非常大的争议——机会是被发现的还是创造出来的？这两个命题分别代表了两种理论学派，即柯兹纳的发现理论和熊彼特的创造理论（Kirzner，1973；Schumpeter，1934）。这两种理论也分别阐释了企业家精神的不同概念。

发现理论的核心假设是把机会作为客观现象存在。无论人们接触什么信息、接触多少信息，企业家机会都不会随着这些信息改变。只是人们根据自己所能接触到的信息做出的决策会有区别。由于每个人的决策不同，也就产生了不均衡，而这些不均衡导致了企业家机会的产生。所有人都可以获得这些企业家机会，但是却只有少数人能真正意识到这些机会。对于这种不均衡的敏感性也就是企业家精神发现理论的核心。

相反，熊彼特则认为新的信息可以创造出新的机会。机会并非客观存在，需要人们去探索和创造。熊彼特的经济发展理论将企业家作为经济发展的中心，他们通过寻找变化来提高经济状况。这个过程被称为"创造性破坏"，即创造一种不存在的市场、产品、生产方式。因此，这种企业家活动也被称为创造活动。这种活动存在着高度的不确定性，它永远伴随着对机会的探索。

具体来说，两种类型的企业家机会是有不同特点的（见表2-1）。柯兹纳的企业家机会并不需要新的信息，信息本身是存在的，而且相较于熊彼特的机会并没有过多的创新，是一种比较常见的企业家活动。而熊彼特的企业家机会则是需要新的信息以创造出新的市场机会，而且是非常创新、非常罕见的企业家活动。

表 2-1　发现理论和创造理论的区别

| | 发现理论 | 创造理论 |
|---|---|---|
| 机会的本质 | 机会独立于创业者而存在（外生的；客观的） | 机会不是独立于企业家而存在的（内生的；社会建构） |
| 决策的本质 | 有风险的（可以收集信息来估计结果的概率） | 不确定的（无法收集信息来估计结果的概率） |
| 典型问题 | 那些形成和利用机会的企业家与那些没有形成和利用机会的个体真的不同吗？<br>企业家如何评估他们决策的风险 | 企业家是如何创造机会的？<br>那些创造和利用机会的企业家和其他人之间有什么区别吗？<br>企业家如何使用增量式、迭代式和归纳式过程来做决策 |

资料来源：笔者整理。

Bhide（2000）访谈了将近250家上市企业创始人，发现很多企业家创业的原因是对外部环境变化的敏锐反应，这种变化可能是科技变化、政策变化和潮流的变化。他的研究提到企业家精神与某种类型的机会来源有非常紧密的联系。也有一些学者提到，社会、文化、政策、经济的变化会带来企业家机会（Lee & Peterson，2000；Reynolds et al.，2002）。

Casson（1995）提到技术变革是创业机会的重要来源，因为技术变革使人们可以以更有效的方式分配资源。Blau（1987）研究了美国的自雇率，发现在20多年的时间里，技术变革与自雇率之间存在着正相关关系。Shane（1996）也提供了类似的实证研究结果，即与技术变革高度相关的年度新专利数量与之后一年人均企业数量有正相关关系。

政策法规的变化可以使资源重新被分配，允许以更有效的方式重新组合资源。例如，Holmes 和 Schmitz Jr（2001）提到，一些规则阻碍了潜在的进入者，导致了非生产性的竞争，而不是创新的生产性努力。因此，监管和放松管制的改变可能会增加市场上的生产性竞争，并产生更多的机会。然而，尽管政策法规的变化可以增加创业企业的数量，但并不意味着可以提高企业的存活率与绩效。降低门槛带来高创业率也伴随着不合格企业家的产生。

社会人口结构的变化产生了一些额外的需求，创造了潜在的经济规模。社会人口结构的变化包括城市化、人口动态和教育基础设施三个方面。以教育基础设施为例，教育基础设施的改变会创造出新的知识，而新知识是企业家机会的来源。此外，教育机构可以被视为传播知识的机制，从而创造更多的机会（Aldrich & Wiedenmayer，1993）。

可见，技术、政策、社会人口结构的变化都会对创业机会产生影响，进而影响企业家精神。

## 2.2 企业家个人特质

企业家精神围绕着对机会的挖掘，而这个过程中必须以人为主体，这个人就是企业家。个人特质和创业活动的关系被广泛认同（Rauch & Frese，

2007）。那么，究竟什么样的人可以成为企业家？他们是否有某种特殊的个人特质？

有多个理论模型回答了这一问题，包括伟人学派（Great Person School）、心理学派、古典学派、管理学派、领导力学派、内部企业家学派（Intrapreneurship）（Cunningham & Lischeron，1991）。

心理学派认为，承担风险的能力和意愿是企业家与管理者的主要区别（Mill，1848）。经济学中与企业家风险承担相关的研究往往和职业选择相关，是成为一名企业家还是成为一名员工，每个人都可以在比较过风险调整后收益后做出决策（Kanbur，1979）。这背后普遍的逻辑就是，相比于当一名员工，创业者要承担更大的风险。企业家们对产品未来的市场反应、生产能力、成本等都不确定（Wu & Knott，2006），尽管员工也会承担一定风险，不过员工有稳定的收益，因此企业家面临更大的风险。承担风险的能力是企业家区别于员工的主要特征（Mill，1848；Stein，1989）。然而，需要注意的是，企业家承担风险不等同于赌博，因为企业家对承担风险可能带来的利润有一定的预期。因此，他们会避免极端的风险，但也不惧怕不确定性（McClelland & Winter，1969）。

心理学派和领导力学派都提到了领导力和成就感的必要性。心理学派基于资本主义理论提出，人们有对成就的需求，因为一个人的价值是由他们的成就评判的（McClelland，1967；McClelland & Winter，1969）。而领导力学派认为，成功的企业家肯定也是一个优秀的管理者，在鼓励、引领和领导别人方面起到至关重要的作用（Kao，1989）。

"伟人"学派则提出，成功的企业家通常对自己的能力充满活力、精力和信心。这种观点认为，有些人具有某些特质，比其他人更有可能成为一名成功的企业家（Garfield，1987；Roscoe，1973）。

关于企业家特质的测量方法较多，比如五大因素人格模型、自我效能、内外控倾向、对成功的需求、对风险的态度等。以五大因素人格模型为例，测量的维度包括对经验的开放程度（有创造力的或是谨慎的）、尽责性（高效的或是粗心的）、外向型（外向的或是保守的）、亲和性（友好的或是孤僻的）、神经质（敏感的或是自信的）。不同的研究可能有一些出入，但通常来讲，企业家在开放性方面具有较大的优势，也就是说，企业家比其他人有更强的创新性。此外，企业家比其他人较少神经质，也就是更容易掌控自己的情绪，而在亲和性方面没有其他人友好。这种结果在很多企业家身上都比较常见。可见，尽管企业家千人千面，但在很多特质上具有较大的相似性。Wickham（2003）在研究中提出了企业家所具备的独特的个人特质，如表 2-2 所示。

表 2-2　企业家特质

| | |
|---|---|
| 1. 工作努力 | 8. 寻找信息 |
| 2. 主动开始 | 9. 乐于学习 |
| 3. 设置个人目标 | 10. 适应机会 |
| 4. 有弹性 | 11. 愿意接受改变 |
| 5. 自信 | 12. 恪守承诺 |
| 6. 接受新思想的能力 | 13. 配合所长 |
| 7. 魄力 | |

资料来源：Philip A. Wickham. Strategic Entrepreneurship-3$^{rd}$Ed ［M］. Prentice Hall，2003.

Shane 提到有些人更容易发现机会的两个原因：一是这些人更容易获得关于机会的信息；二是这些人比其他人更能识别机遇，拥有更强的认知能力（Shane，2003）。

一些人可以获得更多的机会，因为他们更能够获得其他人缺乏的信息

（Hayek，1945；Kirzner，1973）。拥有信息的人能够意识到机会的存在，而其他人只是忽视了它们的存在。这些信息可能是关于当地需求的或未充分利用的资源（Casson，1982）。人们可以通过具体的生活经历来获取信息，如日常生活、工作（Venkataraman，1997）、社交网络结构、信息搜索等（Casson，1982）。

影响识别信息机会能力的因素有两个，即吸收能力和认知过程。吸收能力有助于从人们的先验知识中获得更多的信息，如技术、产品生产过程和市场。先验知识有助于个人和公司评估新信息价值，并吸收和将其商业化（Cohen & Levinthal，1990）。认知过程也被称为"对机会的警觉性"（Kirzner，1997）。Gaglio 和 Katz（2001）提到了认知过程如何影响人们识别机会的能力（Gaglio & Katz，2001）。有些人更有可能认识到机会，因为他们比其他人能更好地理解因果关系，观察信息中的关系和模式，并评估信息的准确价值和重要程度。

## 2.3　企业家创新能力

如同前文提到的，当信息流不断变化时便会产生新的不均衡，而这种不均衡便是机遇，也就是新的盈利机会。企业家精神就是关于如何通过创新手段抓住机会利用机会的过程。创新也是区分企业家与管理者的一个重要指标。

创新这一概念在经济学领域中起源于熊彼特 1912 年出版的《经济发展概论》。他提出，创新是指在原有的生产体系中引入新的生产要素和生产条件的"新结合"。这种"新结合"可以是一种新的产品、一种新的生产方法，开辟一个新的市场、一种新的原材料供应来源或者一种新的组织形式。可以发现，熊彼特所定义的创新既包含着技术的创新也包含组织形式的创新。

越来越多的人认识到，生产力、质量和竞争力与一个企业组织的学习能力和创新能力密切相关（Sveiby，1997；Thurow，1996）。Bessant 等强调了创新对更新和增长的作用，因为创新代表了一个组织自我更新的过程（Bessant，Lamming，Noke & Phillips，2005）。一个组织必须要不断向世界提供新的产品或新的组织方式，否则它就会面临失败的风险。许多文献也表明，创新活动对国际化和竞争力都有积极的影响。与产品、服务、运营和流程相关的任何类型的创新在保持竞争力和应对全球环境变化方面都发挥着重要的作用（Baregheh，Rowley & Sambrook，2009）。

创新的产生来源非常广泛，如组织的资源变化、策略变化、市场的需求变化或者自身的能力变化。创新最直观的变化是知识和偏好的改变。经济特征、认知以及社会维度都是创新的相关特点。创新的灵感可以来自于内部或者外部的资源，而创新的程度可能伴随着公司所处的行业、先验知识和对外部环境的关注程度而不同（Baranano，Bommer & Jalajas，2005）。表 2-3 展示了创新的内部资源和外部资源，具体来说，内部资源主要来源于企业的员工，越来越多的研究发现，相较于有传统和实践培训背景的人，企业更倾向于招聘受过高等教育或有理论知识的人，因为员工的创新越来越重要。知识员工可以创造机会和迎接挑战，尤其是管理层的员工，这对一个企业的创新能力有非常直接的影响。而用户、供应商、顾问以及与其他公司技术部门的互动通常被认为是创新的外部来源。不仅如此，Chrisman 和 Katrishen（1995）也将大学和研究机构作为外部来源。研究表明，更多地利用外部资源的公司发展得更快，创新也更成功（Baranano et al.，2005）。

表 2-3　创新的来源

| 内部资源 | 外部资源 |
|---|---|
| 同事 | 客户 |
| 内部 R&D | 竞争对手 |
| 营销团队 | 与其他公司的合作 |
| 高级管理层 | 供应商 |
| 制造部门 | 大学或研究机构 |
| — | 咨询 |
| — | 获得新的设备 |
| — | 专业期刊 |
| — | 网络 |

资料来源：引用自 Baranano 等的研究。

通俗来讲，创新可以从两个方面讨论：一个是供给端的创新，另一个是需求端的创新。供给，是对市场提供某种商品或者服务。供给端的创新包括新的产品、新的服务、新的材料、新的流程，或者针对企业本身，新的组织形式、新的资本组成、新的合作方式等。这些改变从不同角度降低成本，或者提高产品性能，以达到增加利润或者增加需求的目的。比如当年乔布斯对当时的电脑提出质疑，为什么不能让电脑发出声音？为什么电脑里不加入优美的字体？这些在现在人们都已经习以为常了，但当时都是没有人提过的问题。再比如，iPhone 的创新，完全脱离了当时其他手机的形式，键盘被触屏代替。这引领了整个手机行业的方向，到现在几乎所有的品牌都换成了触屏。但其实有很大比例的创新产品或服务是失败的，消费者往往不太喜欢新产品。这就需要改变消费者的需求。

需求，就是让消费者产生需要并且力求获得满足的心理倾向。需求端的创新便是发现市场、开拓市场。企业家们通过某种方式改变市场的需求，让消费者对产品产生需要。张维迎（1995）提到"中国市场现在的宽度已经足够，但深度不够"，很多企业仅仅满足了低层次的消费需求，还有更深层次的需求可以挖掘，这就需要企业家精神发挥作用，从发现需求到创造需求。创新的营销手段、独具一格的产品定位、持续创造强劲需求的能力、改变社会的固有思维等，都是需求端创新的方式。比如海尔集团，其对新产品的不遗余力的开发当然是它立于家电行业领头羊地位的重要原因，但是他们在市场端的创新行为也是保持品牌永久生命力的重要因素。海尔集团根据市场细分原则，深刻理解顾客需求，有针对性地开发多品种家电产品，满足不同消费者的需求。不仅如此，海尔集团经过认真调研发现了市场对高质量产品的需求以及当时的市场空缺，致力于创造高质量、高技术的产品，深受消费者的欢迎。再比如可口可乐是第一批请明星代言的产品之一，打开了新的营销模式。再看中国的很多品牌，比如OPPO、特步等，都沿用了这种营销方式。

需求端和供给端的创新并不是独立存在的，而应该相互配合。仅对产品进行创新却忽略了对市场的前瞻性考量只会造成投入亏损；而感知到了市场需求却没有相应的产品相配合则无法有效填补市场空缺。

创新的方式主要有两种，分别对应着熊彼特的"创造理论"和柯兹纳的"发现理论"。熊彼特认为创新是一种"创造性破坏"，而"发现理论"则认为创新是对已有产品和过程的改变，并不一定是完全创造出新的产品，而是对某种已有产物的充分利用（Nooteboom & Groningen，1993）。在一个企业不具备一定的科研能力时，它可以通过利用其他研发成果进行创新活动，比如对科研成果的新的应用、一些性能上的提升等都是这类企业主要的创新手段（Dosi，1988；Winter & Nelson，1982）。图2-1展示了两种不同的创新方式：一种是发明的市场化过程，另一种是将前者产生的知识通过转换产生的运用。

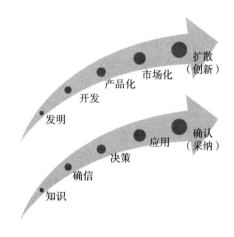

**图 2-1 创新的不同路径**

资料来源：改编自 Nooteboom（1994）的研究。

Leibenstein（1968）将利用第二种创新方式的企业家与熊彼特所描述的创造型企业家区别开来，称之为"常规型企业家"，他们有些类似于管理者。常规型企业家精神所涉及的产品和市场是非常明确的，有时这些企业家也被称为"复制"型企业家（Spulber，2014）。复制型企业家在市场中扮演着独特且重要的角色，他们通过模仿和改进来取代管理不善的企业，提高产出并加剧市场竞争。

根据创新扩散理论（The Diffusion of Innovation）（Robertson，1967），创新的扩散总是一开始比较慢，当采用者达到一定数量后，扩散过程突然加快，这个过程一直延续，直到系统中有可能采纳创新的人大部分都已采纳创新，到达饱和点，扩散速度又逐渐放慢，采纳创新者的数量随时间推移而呈现出 S 形的变化轨迹，如图 2-2 所示。罗杰斯把创新的采用者分为创新者、领导者、早期跟随者、后期跟随者和保守者等几个类型。成功的创新往往是由一小撮狂热变革者开始，将概念传播到"受人尊敬的"领导者，这些人拥有快速传递信息的网络，在这里会有第一波的指数增长。"深思熟虑"的早期跟随者大多数开始慢慢认知到这个创新，当他们验证了创新的有效性之后，遵守习惯的"后期跟随者"会加入，最后剩下顽固的保守者缓慢变迁或者不变。从左到右的发展并不是必然的，而是需要创新者来推动的。

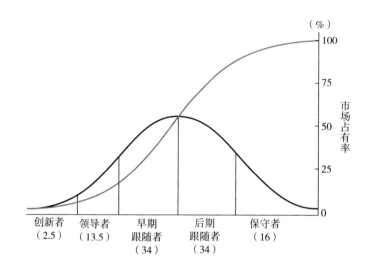

图 2-2　创新扩散理论

创新是一件风险性极高的事情。创业活动，也就是企业家精神，本身就是极具创新性的事情，伴随着极高的风险。比如，研究表明，约有 2/3 的小企业在创业五年内失败。而企业在发展壮大的过程中也需要不断寻找机会，以创新的手段提高自身核心竞争力。哈佛商学院的一项研究发现，企业创新失败率高达 47%。可见，创新对于企业来说是一把"双刃剑"，它可以让企业乘风破浪，也有可能让企业全军覆没。

那么，企业是否可以不创新？不创新，便不会面对失败的风险。答案是否定的。黑石数据对 1900 年至今的科技创新扩散速度进行了统计。结果显示，20 世纪初，电话、电视等科技扩散至 50% 的市场占有率花费了将近 50 年的时间。然而，到了 21 世纪，数码相机、数码手机、平板电脑这些科技产品从出现到占领 50%的市场仅花了不到十年时间。这说明，创新扩散的速度越来越快。企业家缺乏创新精神，企业缺乏创新活力，意味着随时会被市场抛弃，完全失去竞争力。

# 2.4　研究问题

通过理论的梳理，可以发现企业家精神并不是简单的名词，它涵盖了整个创业的过程。这个过程需要人——企业家，需要机会——外部环境的影响，需要创新——具体手段的共同作用。因此，企业家精神在每一个国家、每一个时代都有可能产生不同的解读。

我国也有大批学者投身企业家精神相关的研究，主要集中在企业家精神的产生和企业家精神的影响方面。企业家精神的影响方面，张维迎强调了企业家在经济变革中的重要作用（张维迎，1995；张维迎和盛斌，2004）。庄子银（2007）提出，企业家精神强的经济比企业家精神弱的经济有更高的经济增长率和人均收入。李宏彬等（2009）发现，企业家精神对中国经济增长有显著的正效应。

企业家精神产生的原因也有了一定的研究基础。林苞（2013）得出，经济规模的增加和新知识的产生可以促进企业家精神。同时金融活跃程度和经济的市场化水平都能显著提高企业家精神。不同的宏观环境会造成不同的企业家行为。张维迎（1995）将企业家的条件归为两个方面：一是个人资产，二是经营能力。个人资产是个人拥有的物质财产，而经营能力则是企业家的基本素质，比如想象力、判断力和机敏程度。张维迎和盛斌（2004）认为，企业家在企业的不同发展阶段需要具备不同的素质，比如初创期需要洞察力、冒险精神和外交能力，扩张成熟期需要组织能力和"整顿"能力。冯海红等（2015）强调了企业家本身的特点在信息搜索中的作用。企业家个体特质和他们的先验知识（比如职业或者人际关系）在发现信息中起到关键作用。

尽管这些研究从企业家精神的内生性和外向性方面对企业家精神做出了探讨，但企业家精神方面的研究起步较晚，大多数研究都是以最近20年的企业家作为研究样本。企业家精神的多维性决定了它的多样性，不同历史环境也决定了企业家精神内涵的不同以及它产生的影响不同。

我国从晚清"师夷长技以制夷"开始，初次体现了企业家精神，到今天，互联网技术发展进入自主研发国际领先的行列，企业家精神有了长足的发展。外部环境对企业家精神的塑造以及企业家精神对外部环境的影响都有非常大的转变。然而，对这种转变的研究非常缺乏。

因此，本书将要讨论研究的问题如下：①时代背景对企业家精神产生了怎样的影响？②不同时期代表性企业家体现了何种企业家精神？③企业家精神的发展对当时的外部环境产生了怎样的影响？

本书对我国从晚清到今天企业家精神的表现进行了分析和比较，探索和理解企业家精神的内涵及其影响，以填补目前研究的不足。

# 3

# 研究方法与研究框架

## 3.1 研究方法选择

本书主要利用文献分析法和专家评分法对二手数据进行分析。利用二手数据的优势在于：可容易、快速地获取，且成本较低。由于研究会涉及历史数据，但获取一手数据很难。通过对这些二手数据的整合处理可以帮助本书明确和定义问题，并且能更深刻地了解所要研究的问题。

具体思路是首先通过文献分析法，对外部环境的变化进行梳理，获得关于外部环境变化的相关结论。其次，通过专家评分法选择最具有时代意义的典型企业家，结合外部环境的变化探索企业家精神的内涵及其对时代的影响。

### 3.1.1 文献分析法

文献分析法是指通过对收集到的某方面的文献资料进行研究，以探明研究对象的性质和状况，并从中引出自己观点的分析方法。多年来，文献分析一直被认为是定性方法的重要组成部分（Bowen，2009）。文献分析法可以帮助研究者掌握历史动态脉络，还可以使研究者接近不可能接近的研究对象，比如已经去世的人。

文献分析法尤其适宜在以下五种情境下使用（Bowen，2009）：①研究需要数据提供语境；②需要研究的问题和情况包含在文件中；③文献数据可以补充现有的数据；④文献数据可以为研究人员识别变化和发展提供依据；⑤其他来源的调查结果和证据需要核实。

因此，文献分析法也因其低成本、高成效而受到研究者的广泛欢迎。然而，文献分析法也存在一定的缺陷，如检索性低以及选择性偏差等。具体而言，Bowen（2009）提供了文献分析法的优缺点，如表3-1所示。

### 表3-1　文献分析法的优缺点

| 优点 | 缺点 |
| --- | --- |
| 高效 | 细节不足 |
| 可获得性 | 可恢复性低 |
| 成本低 | 选择性偏差 |
| 没有突兀或者突发状况影响 | |
| 稳定 | |
| 精确 | |
| 覆盖面广 | |

资料来源：Bowen（2009）。

本书利用文献分析法作为主要分析工具的原因在于研究需要收集过去多个发展阶段的外部环境数据，并对当时的政策、经济、技术、社会文化等外部环境进行分析比较，为研究提供较为充分的背景信息。而文献分析法具有数据覆盖面广、信息准确率高、数据获取高效等优势，因此本书将其作为主要的研究手段。不仅如此，本书涉及的研究对象可接触性较低，大多数为历史人物，但其生平事迹在现存文字记录中较为充分，因此文献分析法也更为可靠。

为了降低文献分析法存在的缺点，本书利用三角研究方法（Method Triangulation）降低其细节不足、选择偏差等带来的研究结果偏差。三角研究方法被定义为研究同一现象的方法的组合（Denzin，2017）。三角研究方法包括数据三角法、理论三角法、研究者三角法以及方法三角法。本书利用的是数据三角法，即通过多来源的数据对同一个问题进行研究。本书所收集的二手数据来源广泛，包括历史书籍、个人传记、新闻报道以及国家宏观数据等。Jick（1979）确定了三角剖分带来的两个好处：一是可以提供更丰富的数据；二是可以产生更全面的结果，这让研究人员对结果更有信心。

## 3.1.2 专家评分法

本书涉及的历史时间较长，也存在非常多对当时具有划时代意义的创业者，研究者独自筛选具有较高的主观性。尤其是以二手数据作为主要的数据来源，更有可能因为研究者本身的认知偏差造成分析结果可靠性降低。

因此，为了降低可能的数据偏差，本书利用专家评分法对笔者选择的创业者进行评估，进而筛选出最具有划时代意义的创业者。

专家评分法也是一种定性描述定量化方法，它首先根据评价对象的具体要求选定若干个评价项目，再根据评价项目制定出评价标准，聘请若干代表性专家凭借自己的经验按此评价标准给出各项目的评价分值，然后对其进行结集。

基于此，本书对专家评分问卷进行了以下设计：

首先，根据前文所述，企业家精神主要涵盖了三方面内容，包括创业机会、创业者特质以及创新。因此，问卷的问题需要对创业者这三方面情况进行评估。问卷的问题列举有以下四个：①创业者善于发现机会或者是否善于创造机会；②创业者在当时做出了极大贡献；③创业者具有极强的创新能力；④创业者创办的企业具有非常强的代表性。专家需要根据自己对创业者的了解进行打分。

其次，确定权数并划分等级。尽管这四个问题都指向创业者的重要指标，但专家学者仍然对其重要性确定了权重，分别是善于发现机会或者善于创造机会的为 0.25，创业者在当时做出了极大贡献的为 0.25，具有极强的创新能力的为 0.3，所创办企业具有非常强的代表性的为 0.2。专家将每个指标划分多个等级，并为各等级赋予定量数值，用于判断本指标在创业者能力中所占的等级，划分为最好、好、较好、一般、较差、差、最差七个等级，并按 1.0、0.8、0.6、0.5、0.4、0.3、0.1 打分。

最后，计算各创业者得分并选择代表性企业家。将每项指标权重与对应的等级分别相乘，求出该指标得分。各项指标得分之和即为此创业者代表性程度的总分。具体如表 3-2 所示。

表 3-2　专家评分法

| 序号 | 代表性企业家选择指标 | 权重 | 1.0 | 0.8 | 0.6 | 0.5 | 0.4 | 0.3 | 0.1 | 得分 |
|---|---|---|---|---|---|---|---|---|---|---|
| 1 | 善于发现机会或者善于创造机会 | 0.25 | | | | | | | | |
| 2 | 创业者在当时做出了极大贡献 | 0.25 | | | | | | | | |
| 3 | 具有极强的创新能力 | 0.3 | | | | | | | | |
| 4 | 所创办企业具有非常强的代表性 | 0.2 | | | | | | | | |

资料来源：笔者整理。

笔者邀请了 4 位专家为各评价指标进行权重赋值并对企业家代表性程度打分。4 位专家中 2 位是企业家精神研究领域的专家，2 位来自创业者论坛资深撰稿人，分别代表着学术层面和行业层面对企业家精神的理解，降低了笔者独自筛选带来的主观性。

## 3.2　研究框架

前面我们回顾了企业家精神相关的文献，将企业家精神分解成三个方面：机会、企业家特质以及创新。进一步地，我们了解到机会与宏观环境的变化息息相关，包括科技的变化、社会文化的变化以及政策变化；创新可以是组织创新、管理创新、产品创新等；而企业家的个人特质则包含承担风险能力、领导力、管理能力、对成就感的追求等。

MOS 模型是由 Lundström 和 Stevenson（2005）提出的，用以描述创业政策的研究框架。M 表示动机（Motivation），O 表示机会（Opportunity），S 表示技能（Skills），简称 MOS。从这三个角度探索如何通过政策促进创业、提高创业效率。尽管本书并不讨论不同时代下企业家精神存在的不足及创业政策的有效性问题，但是从这三个维度，结合企业家精神中的创新理论以及机会理论，可以更详细地探讨企业家精神在不同时代背景下所呈现出的特点。

在创业动机层面，主要探索创业者创业的动机，即创业的愿望以及可行性的分析带来的创业者创业动机。这种动机可能由创业机会的认知、有效信息的获取、报道或者一些偶像效应产生。甚至有时这种动机与个人价值获取无关，而是为了社会价值的增加。

在企业家技能层面，通过教育、企业家技能培训、过去工作带来的专门知识或实际经验、过去创业的经验、有价值的社会网络等都可以为企业家提供创业的技能。

在企业家机会层面，良好的营商环境、较少的创业障碍、简化的注册和启动流程、政府出台的支持政策等，都为企业家提供了优良的创业机会。

可以发现，企业家选择创业与这三个层面的促进不可分割。结合文献综述中创业机会的内外部因素以及创业活动的创新输出，本书提出了以下研究框架，如图 3-1 所示。

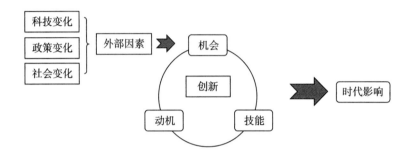

图 3-1　企业家精神研究框架

# 4

# 企业家精神的外部环境变化分析

## 4.1 外部环境分析

### 4.1.1 晚清时期的外部环境

18世纪60年代，手工业悄然向机器工业转变，工业革命席卷整个欧洲，机器时代来临。到19世纪，北美也受到这一飓风的影响，超速完成了工业化的转变。蒸汽机、煤、钢、铁成为工业革命技术发展的主要因素。这一时期，与蒸汽相关的发明不断出现，如珍妮纺纱机、水力纺机、螺丝切削机床、蒸汽动力轮船、蒸汽汽车等发明影响着整个欧美工业化的进程。到了19世纪60年代，日本也在西方工业文明的冲击下，进行了明治维新活动，由上而下进行西化与现代化的改革运动，学习欧美技术，开启工业化进程。

相反同一时期，中国正处于清朝鼎盛的乾隆时代，乾隆帝在康熙、雍正两朝文治武功的基础上，完成了多民族国家统一。清朝版图辽阔，人民生活水平颇高。乾隆帝重视农业生产，鼓励开荒，扩大种植面积，农业发展迅速。然而如同李约瑟之谜所寻求的答案一样，为什么工业化、现代化的进程没有首先发生在中国？从公元前 1 世纪开始中国持续了 17 个世纪的科技领先地位，却没有产生近代科学。这当然不是一句话可以回答的问题。这一时期，商业不被看重，文化上倾向于经验主义，思想迷信落后，对科举应试过于看重，对本土文明过于自负，外来文明不被包容等因素导致中国无法加入到工业革命的浪潮中。中国与经历过工业革命之后的西方国家差距越来越大。

太平盛世带来的人口增长是非常明显的。在 18 世纪末，清朝的人口已经超过 3 亿，几乎为包括俄国在内的欧洲的 2 倍，到了 19 世纪中期人口已达 4.3 亿左右。这种人口大幅度的增加带来的影响是多方面的，其中影响最大的是对土地的压力。土地肥沃的地区聚集超负荷的人口，土地竞争引发一系列地区冲突。人口增加也使农业带来的边际收益降低，导致从事农业的人口比例降低。虽然农业的供给可以满足当时的需求，但也潜藏着危机。

马尔萨斯陷阱描绘了当人口增加速度超过农业发展时，多增加的人口总要以某种方式被消灭掉。在工业革命之前，马尔萨斯陷阱是不可逃避的。不过完成工业革命的欧美国家不仅提升了本国农业生产效率，同时也有能力侵入他国领土争夺资源，成功绕开了"马尔萨斯陷阱"。相反，中国却在这一时期受到国内外双重的压力，农业的滞后以及外国的争夺，使资源供不应求。这种文明碰撞必然带来民族冲突和迫切的革新需求。

清朝在这一时期经历了两次鸦片战争，第一次鸦片战争发生在 1840 年。虽然当时中国科技落后，安于现状，但在国际贸易上一直处于顺差地位。这种顺差地位的产生是由于中国虽然有超过 4 亿的人口，但老百姓的消费水平和消费理念仍然与欧美国家差距甚大，欧美试图出口中国的商品无法卖出。当年有资料显示，英国曾经试图向中国出口钢琴，但支付高昂运费送到中国之后竟然严重滞销，只能销毁。欧美用机器生产的布匹也被中国手工生产的丝绸挤压得没有市场。而中国的茶叶、丝绸、瓷器等却是欧美市场的热销产品。为了打破对中国的贸易逆差，英国开始向中国走私鸦片，牟取暴利。清政府极力制止鸦片走私活动，派官员肃清走私行为。林则徐在虎门销烟给了英国政府侵入中国的借口，第一次鸦片战争爆发。虽然中国军民奋力反抗，但无奈落后于洋人的坚船利炮，以失败割地赔款告终，签订了丧权辱国的《南京条约》。列强为了进一步打开中国市场，扩大在中国的殖民统治，于1856年再次发动侵华战争。这次战争被称为第二次鸦片战争，历经4年，以签订《天津条约》《北京条约》和《瑷珲条约》等不平等条约告终。中国彻底进入半殖民地半封建社会。

不仅外患让清政府终日惶惶，内忧也撼动着清政府的根基。太平天国是在列强欺压、清政府不作为、自然灾害四起、人民苦不堪言的极端情况下产生的农民政权。经历14年与清政府的对抗，虽然太平天国最终被清政府镇压，但对当时清朝的打击是巨大的。

这一系列文明碰撞带来的价值转向非常明显。曾经儒家"重农轻商"的思想被逐渐颠覆。经历两次鸦片战争与太平天国的打击之后，中央权威一再受到挑战，商人的地位逐渐上升，政商不再是依附的关系，而更多的是依存关系。晚清时期PEST分析如表4-1所示。

表 4-1　晚清时期 PEST 分析

| 政治环境 | 经济环境 |
| --- | --- |
| 政治环境不稳定，国家政权不断受到内外部威胁。外部方面，列强对中国发起了一系列侵略战争，如鸦片战争、甲午战争等，削弱了中国政府的权威。内部方面，民间爆发起义事件，也造成政局动荡不安 | 中国经济发展迟缓，国家财政困难。在国际贸易中，中国处于劣势地位，受到列强的不公平贸易和剥削，贸易逆差。同时，农业生产方式滞后，商业经济不发达，工业也十分落后，国民经济发展水平低下 |

| 社会环境 | 技术环境 |
| --- | --- |
| 社会环境动荡不安。社会矛盾日益加剧，民间起义层出不穷，如太平天国运动、义和团运动等，社会秩序不稳定。同时，社会阶层固化，贫富差距扩大，社会道德风气也有所滑坡。人口增长显著，商人地位提高 | 技术水平相对落后。中国工业化程度较低，机械化程度低下，科技创新也受到阻碍。此外，传统文化束缚了科技创新和发展，对技术的创新和应用造成了影响。国外科技传入中国 |

资料来源：笔者整理。

## 4.1.2 民国时期的外部环境

1911 年辛亥革命成功，1912 年中华民国的建立结束了晚清半殖民地半封建社会。然而，由于清朝政府的腐败以及资本主义列强的侵略，此时中国仍然面临着非常严重的民族危机，在军事、政治等多方面受到极大的挑战。但是这段时期旧中国从意识形态到国民经济都有了翻天覆地的变化。1912~1936 年，工业化和现代化建设成就在抗战前达到了旧中国经济史上的高峰。尤其是1927~1937 年，被称为"黄金十年"。这段时间中国工业年增长率达到 9.4%，且在政治、经济、基建、文化、教育、社会政策、外交以及军政建设等各方面均有新的取向和建树。

这一系列变化可以归结于以下两个原因：一是随着国门的打开，开放口岸增加，中国与其他国家的交流也逐渐增加了。条约口岸贸易规模的扩大带来了新的技术和知识，也将新思想带进了上海、天津、九江和汉口等城市，去西方国家和日本学习研修的学生不断增加，加速了民族主义的形成。二是世界大战的爆发减缓了资本主义国家的侵略步伐，使民族工商业获得了一段时间的喘息。世界大战的爆发使西方商品在中国市场上供应紧张，物价大涨，提高了对本土工商业产品的需求，而且欧洲市场也需要商品供应，我国本土企业的出口量增加了，进一步创造了较大的市场机会。

除此之外，民国时期南京临时政府也提供了较为宽松的政策环境，在注册新企业、专利保护等方面都有积极的政策支持。《中华实业界》对当时情景有所描绘："民国政府厉行保护奖励之策，公布商业注册条例、公司注册条例，凡公司商店工厂之注册者，均妥为保护，许各专利，一时工商界踊跃欢忭，咸谓振兴实业，在此一举，不几时而大公司大工厂接踵而起。"人们越来越重视先进生产力的作用，把经济建设看作国家富强的基础，试图以学习西方先进技术和管理经验作为富国强兵的手段。1912～1919 年短短 7 年间就出现了 470 多家新建厂矿企业，新增资本达到 1.3 亿元，相当于辛亥革命前 50 年的投资总额。

工商业的快速发展带来的直接结果是金融业的发展。企业的创立和发展带来融资需求，同一时期外国银行又因反帝爱国运动的兴起存款明显降低，为本土银行的兴起提供了良好的外部环境。作为专门规制和协调商业活动的商会与行会进一步发展各种钱庄、当铺及新式银行，形成了相当密集的金融网，为工商业企业提供金融服务。

城市化水平的提高也加速了金融行业的发展。1937 年，城乡之间基本实现了流动自由。城市化进程加速使人口迅速聚集和增长，社会集团变得更加复杂，提高了交易效率和融资需求，促进了金融行业的发展。民国时期 PEST 分析如表 4-2 所示。

表 4-2　民国时期 PEST 分析

| 政治环境 | 经济环境 |
| --- | --- |
| 中国政治环境依然不稳定，国家政权多次更迭，政局动荡不安。同时，国家面临日本侵略的威胁，增加了政治不确定性。在民国早期，存在较为宽松的政策环境，对企业发展起到积极作用。鼓励和支持知识分子海外求学，对外资企业的限制加剧 | 中国经济发展开始有所起色，轻工业发展较快。然而，国家面临战乱和政治不稳定，经济发展受到严重的阻碍。工业基础薄弱，大量的原材料需要进口。此外，国家还受到了外国列强的不公平贸易和压迫，物价较高，加剧了国家的经济困境 |

| 社会环境 | 技术环境 |
|---|---|
| 社会经历了巨大的变革。旧有的社会制度被推翻，新的社会秩序逐步建立。同时，国家面临着严重的内部矛盾和冲突，如北洋军阀之间的斗争、农民起义、工人运动等，社会动荡不安。民族主义形成，城市化进程加速 | 技术水平有所提高，但仍然相对落后。尽管在一些领域如轻工业、纺织业等取得了一些成就，但在重工业和高科技领域仍然十分薄弱。此外，由于政治和经济的不稳定，科技创新受到了限制。西方先进技术和管理理念不断传入中国，对原有的经济体制产生冲击 |

资料来源：笔者整理。

### 4.1.3　新中国成立到改革开放前的外部环境

新中国的成立结束了超过半个世纪的动荡岁月，中国终于逐渐趋向稳定。然而，由于发展经验的不足，中国在探寻经济和社会发展的道路上走了不少弯路，也给企业家精神带来了不小的创伤。

新中国成立后，国家实行高度集中的计划经济模式，最初在这一模式下中国确实经历了一段较快的工业化发展。1957 年，第一个五年计划胜利完成。这个时期，以苏联帮助我国设计的 156 个建设单位为中心，初步建立了我国社会主义工业化的基础。当时全国工业总产值达到 783.9 亿元，重工业生产总值在工业总产值中的比重达到 45%。

尽管"一五"计划胜利结束，但这些举措与企业家精神所追求的创新、市场化等相悖，阻碍了企业家精神在中国的持续发展。不仅如此，随之而来的"大跃进"和"人民公社化"运动也使中国经济和企业家精神的发展再次遭受巨大挫折。

到"文革"时期，中国企业家处境极为艰难。无论是城镇的个体工商业者，还是农村的集市贸易，都被当作资本主义尾巴严格清理。至 1976 年底，私营经济在我国已经绝迹，个体经济也微乎其微，全国城镇个体工商业者只剩下 19 万人，仅为 1966 年的 12.2%。

在这一历史背景下，想找到企业家精神非常困难，但也存在一些国有企业的管理者们不断寻求管理与技术的创新，突破阻力在体制内发挥他们的企业家精神。在同一时期，曾经流落海外的企业家们仍然活跃在各个经济体中，传播着企业家精神，比如泰国的正大集团创始人谢易初、香港首富李嘉诚等。这一时期虽然很难体现企业家精神，但企业家精神并没有磨灭而是以不同的形式传递了下来。这一时期 PEST 分析如表 4-3 所示。

表 4-3　新中国成立到改革开放前 PEST 分析

| 政治环境 | 经济环境 |
|---|---|
| 中国政治环境经历了巨大的变革，从旧中国半殖民地半封建社会转向了人民当家做主的新社会。中国共产党掌握了政权，实行了一系列的改革和政策，包括土地改革、工商业改革、人民公社运动等。<br>然而，由于缺乏经验，人民公社化运动、"文化大革命"等对当时的中国产生较大冲击 | 在战争和动荡的年代，国家的经济基础被破坏殆尽，政府采取了一系列的措施来重建国家经济。中国实行了国家所有制和计划经济的管理模式，国家对经济的控制和管理非常严格。政府通过制定经济计划、资源分配和价格管制等措施来推动国家的经济发展。这些措施虽然使中国经济实现了一定程度的增长和发展，但也存在诸多问题和局限，比如资源配置不合理、产业结构单一、市场失灵等 |
| 社会环境 | 技术环境 |
| 中国社会经历了巨大的变革。土地改革、工商业改革等政策使得社会阶层出现了一定程度的流动。同时，政府还实施了一系列的社会改革，包括对女性权益的保障、教育的普及等，这些改革有利于社会的进步和发展。然而，在文化、思想和价值观等方面，中国社会仍然需要进一步的改革和发展。民营经济几乎绝迹 | 中国的技术水平相对落后。政府推行了技术革命和科技创新的政策，为技术的发展提供了支持和保障。然而，受制于国际和国内的条件，中国的技术创新仍然面临着很大的挑战 |

资料来源：笔者整理。

## 4.1.4　改革开放时期的外部环境

1978 年 12 月中共十一届三中全会后，中国走上了对内改革、对外开放的道路。全党上下开始摆脱"左"的错误，把"解放思想、开动脑筋、实事求是、团结一致向前看"确立为新阶段中国共产党的总体指导方针。果断停止了"以阶级斗争为纲"和"无产阶级专政下继续革命"等错误口号，将党的工作重点转移到社会主义现代化建设上来，是新中国成立以来具有深远意义的伟大转折。这一时期，学者们也纷纷站出来为"企业家精神"背书，呼吁利用宏观调控的手段进一步促进企业家精神的快速复苏。

对内改革的大幕首先从农村展开。1978年秋，安徽、四川部分地区因遭受严重灾害，农民自发恢复了20世纪60年代初期曾出现过的包产到组、包产到户等生产责任制形式。这种包产到组、包产到户的责任制形式逐渐演化成家庭联产承包责任制。新的生产形式极大程度地解决了"大跃进"时期遗留的问题，比如人民公社脱离农业特点和农村现实的生产力水平的生产模式、经营管理过于集中、收入分配过于平均等，也使农民获得了劳动和经营的自主权，农民生产成果与利益直接挂钩，极大地调动了农民的生产积极性。1982~1986年，连续五年的中央一号文件都强调了农村改革的重要性并力推家庭联产承包责任制。1985年春天，政社分开、建立乡（镇）政府的工作全部结束，全国共建立了9.1万个乡（镇）政府、92.6万个村民委员会，这也意味着农村人民公社制度已不复存在。

中央也积极开展了对外开放的探索。1979年7月，中央正式批准广东、福建两省在对外经济活动中实行特殊政策和灵活措施，给予一些沿海城市更多的自主权，让这些城市发挥它们的先天优势，紧跟国际形势，加快经济发展。

这两个历史事件代表了改革开放的开始，也代表了企业家精神发展的转折。企业家精神在漫长的蛰伏后缓缓复苏。

家庭联产承包责任制兴起的直接影响就是乡镇企业家的迅速崛起。1984年初，邓小平第一次"南方视察"。同年末，中共十二届三中全会讨论通过了《中央关于经济体制改革的决定》，阐明了加快以城市为重点的整个经济体制改革的必要性、紧迫性，强调增强企业活力、发展社会主义商品经济、政企分开等重大问题。在万里的建议下，1984 年中央四号文件同意将社队企业改名为乡镇企业。同时，文件还肯定了乡镇企业已成为国民经济的一支重要力量，是国营经济的重要补充。1984~1988 年是乡镇企业发展的黄金时期。这期间，全国乡镇企业数量由 135 万个发展到 1888 万个，就业人数由 3235 万人增加到 9545 万人，总产值由 1019 亿元增加到 7018 亿元，利润总额由 137 亿元增加到 526 亿元。由此带来 1984~1985 年农业产值年平均增速达到 7.8%，是 1952~1978 年平均增速的两倍多。

轻工业和信息行业在这一阶段取得突破性进展，实现从无到有的质的飞跃。轻工业的发展主要得益于市场需求的巨大转变，20 世纪 80 年代，电风扇、电视、冰箱、洗衣机、照相机、空调等家用电器的使用数量骤升，促使一大批家电品牌出现。到今天仍然活跃在时代舞台上的海信集团、美的集团、海尔集团、格力电器、TCL 等都是当时成立的公司。

这一时期，海信集团的前身——青岛电视机厂，成功引进世界一流彩电产品与技术，成为多次获得国家优质产品荣誉的知名彩电企业。美的集团则开始制造电风扇，进入家电行业，而海尔集团的前身——青岛电冰箱总厂，在张瑞敏的带领下，积累品牌发展经验、严把质量关，成为现在引领世界技术的国际化家电企业。

信息行业也是从这一时期开始出现和发展起来的，掀起了中国版的第三次浪潮。20 世纪 80 年代末，本土企业开始自主研发设计和生产销售国产计算机，联想、长城、神州、方正电脑等，成为国人耳熟能详的品牌；软件方面也出现了金山软件、东软、金蝶软件、用友软件等至今仍活跃的软件企业。这一时期的信息化初探为我国后来从追赶、模仿到创造属于自己的国际品牌奠定了坚实的基础。改革开放时期 PEST 分析如表 4-4 所示。

表 4-4　改革开放时期 PEST 分析

| 政治环境 | 经济环境 |
| --- | --- |
| 中国开始实行改革开放政策，逐渐放宽政府对经济和社会的控制。政府逐渐减少对经济的干预和管理，民营经济开始复苏。中国政府开始推行一系列有利于科技发展的政策，比如"引进来"和"走出去"政策，吸引和引进国外先进的技术和知识，同时也鼓励国内企业进行技术创新和研发 | 改革开放政策的实施，使中国逐渐从计划经济转向市场经济，逐步放宽了对民营企业和外资企业的限制。随着市场经济的发展，中国的经济迅速增长，成为全球最大的制造和出口国之一。然而，经济改革也带来了一些问题，如城乡差距扩大、贫富差距增大、环境问题等 |
| 社会环境 | 技术环境 |
| 政府推行了一系列社会改革和政策，如户籍制度改革、教育改革、卫生保健改革等，推动了中国社会的进步和发展。城市化进程加速，社会多元化和个性化趋势明显。沿海城市、特别行政区出现 | 中国的技术水平有了明显的提高。政府大力支持科技研发和人才培养，鼓励企业进行自主创新和技术攻关。这些举措推动中国的技术水平得到了大幅提升，使得中国在一些领域开始具备了一定的技术实力。比如，中国在半导体、计算机、通信等领域取得了突破，成功地研制出一些关键技术和产品 |

资料来源：笔者整理。

## 4.1.5　深化改革时期的外部环境

1992 年初邓小平南方谈话，重申了深化改革、加速发展的必要性和重要性。通过对过去十多年改革开放经验教训的深刻总结，提出了建设中国特色社会主义理论与实践。中国经济体制开始全面市场化，经济活力被重新激发，工业领域改革进一步深化。

深化改革意味着计划经济体制全面向社会主义市场经济转型，集中表现在五个方面：国企改革、金融改革、房地产行业兴起、技术创新以及品牌经营。

这一阶段的国企开始了所有权改革，转变国有企业的经营机制，建立现代企业制度。在策略上选择了"抓大放小"的策略，采取重点扶持、破产兼并等多重手段让中小型国有企业先退出，让困难企业先破产，把国有资产集中到关系国民经济命脉和国家安全的领域。通过对外投资设立新企业、内部剥离、收购兼并、资产授权等方式，逐步形成了产权结构纽带，强化了产权约束关系，弱化了纵向行政隶属关系。国有企业随着改革得到了质量的提升。

经济建设的需要和外资的不断涌入助推了金融业的深化和发展。金融市场是资本调遣和运作的市场，银行是金融业的基本单位。银行体系的稳健程度和有效性直接影响一国宏观调控政策的实施效果，因此在深化改革时期，我国的银行业也获得了无限生机与广阔前景。1986 年 7 月，我国第一家股份制商业银行——交通银行成立，1987 年 4 月 8 日，我国从体制外推动银行业改革的第一家试点——招商银行在经济特区深圳蛇口工业区成立，我国银行体系日益完善。随着改革进程的不断推进，商业银行内不断进行金融产品创新，担保类、承诺类、金融衍生类、理财类产品相继产生并迅速发展壮大，从此我国的金融行业逐渐走向现代化的经营道路。

金融行业的发展进一步助推了我国房地产行业的兴起。1997 年，中国建设银行在国内率先开展个人住房贷款业务，随后，个人住房贷款和个人消费信贷慢慢推广开来。1998 年，国务院颁布《关于进一步深化城镇住房制度改革加快住房建设的通知》，宣布全面停止住房实物分配，实现了中国城镇住房制度的根本性变革，由此迎来中国房地产行业的黄金时期。我国城镇化率也有明显提升，从 1992 年的 27.46%上升到 2000 年的 36.22%，这一指标在 1979 年仅有 18.96%，也极大地促进了房地产行业的发展。

产业政策的引导及消费端的需求使轻工业得到了持续的发展，从家电行业逐渐扩散到食品行业、服装行业、零售行业等一系列轻工行业。与 80 年代轻工业的发展模式相比，这一时期轻工业不仅面临着更加广阔的市场，行业竞争也更加激烈。因此，这一时期的轻工业相较于生产端的创新，把重点放在了消费端的创新。品牌打造的投入非常大，如何通过现代化的营销手段、"渠道"和各种广告形式攻占市场高地是这一时期轻工业发展的重要特点。

我国逐渐加大了对高新技术行业的扶持力度，重点扶持高附加值、高技术含量、成本有优势、市场有前景的产品。鼓励传统行业应用高新技术改造，比如通过集成电路技术、光纤通信技术、计算机技术、先进制造技术等改造机械、电子、汽车、石油化工等国民经济支柱产业。这一举措使我国传统行业逐渐向高新技术、规模化和外向型发展，"中国制造"的产品越来越引起世界的关注。这一时期的科技政策为我国逐渐走向科技强国奠定了基础。深化改革时期 PEST 分析如表4-5 所示。

表4-5 深化改革时期 PEST 分析

| 政治环境 | 经济环境 |
|---|---|
| 实行改革开放政策，推进市场化经济和对外开放，加强与国际社会的交流和合作。同时，中国还加强了法治建设，加强了知识产权保护，为企业创新提供了保障。产业政策扶持力度加大，对高新技术行业扶持力度加大，推进国企改革 | 中国经济持续高速增长，平均增长率超过9%。中国政府实施了一系列有利于企业发展的政策，如扩大对外开放、降低关税、推进国有企业改革等。这些政策吸引了大量外资，加速了中国经济的发展。与此同时，中国加强了财政、税收、货币等方面的改革，为企业提供更好的营商环境 |
| 社会环境 | 技术环境 |
| 城镇化进程加快，居民收入不断增加，消费水平提高。中国政府加强了对教育、医疗、社会保障等领域的投入，提高了民生福利水平。同时，中国的人口红利效应逐渐减弱，劳动力成本上升，一些企业面临人才短缺、劳动力成本上升等问题。城市化进程加快，人口素质提高，社会需求和消费观念也开始发生变化 | 积极引进国外先进技术，并逐步自主研发。信息技术、生物技术、新材料技术等新兴技术得到快速发展。同时，一些传统行业也在技术升级中实现了转型升级 |

资料来源：笔者整理。

### 4.1.6 互联网时期的外部环境

21 世纪以来，我国的内外环境趋于稳定，经济发展平稳，GDP 增速在2007 年达到14.23%，之后虽有回落但仍稳定保持在6.6%以上。这一时期我国的产业政策仍然延续了深化改革的路线，不断推进市场经济体制的建立。由于过去对工业企业的大投入，我国许多工业产业处于供大于求的状态，这也是计划经济遗留下来的问题。为此政府逐渐退出竞争性产业，将更多的主导权交给市场。政府从主要关注工业逐渐向第一、第二、第三产业并重转化，在各种政策制定时，有意引导市场多样化发展。比如"十一五"规划中提出了十二个重点产业，包括金融、物流、旅游、房地产、电子信息、钢铁、汽车、电力、装备制造、医药、食品加工、农业等。

这一时期另一个突破是混合所有制改革计划试点实施。尽管我国在深化改革阶段已经确定了国有企业的改革路线，很多国企早已变成混合所有制，国资占比已较低，但政府干预仍无处不在，公司治理不达标。行政化垄断体制未真正打破，准入限制未真正放开。尤其在军工、铁路、电力、石油等关乎国民经济命脉的领域仍是国家垄断经营。2017年开始，国企改革尤其是地方国企改革呈现出全面提速的状态，混合所有制改革步伐进一步加快。2017年国企改革领域出现标志性事件，中国铁路总公司和云南白药接连发出混合所有制改革的声音。这也意味着我国市场化进程的全面展开。

我国也更加重视创新创业企业的发展。2014年在夏季达沃斯论坛上，李克强总理提出"大众创业、万众创新"，激发民族的创业精神和创新基因。2017年中央会议提出《关于营造企业家健康成长环境弘扬优秀企业家精神更好发挥企业家作用的意见》，进一步确定了企业家精神在国家经济社会发展中的重要地位。之前出台的多份文件对初创企业、小微企业都有不同程度的优惠政策，对高新技术企业也有税收、人才、培训等方面的扶持政策。可以看到，在21世纪，创新创业已经成为社会主流思想的重要组成部分。

随着国际化进程的加快，宏观环境变得更加复杂。资源、人口、经济、国家关系等问题对国家的发展提出了挑战。科技进步和共生合作越发重要。其中，对我国经济乃至世界经济影响最深的是信息技术的发展，不仅是互联网行业，传统行业也依托信息技术实现了转型升级。地理局限对企业发展的影响越来越小，交易成本显著降低，企业发展模式出现了明显变化，呈现特大化、虚拟化、网络化、全球化等趋势。

我国自 1994 年实现互联网全功能连接以来，网络通信基础设施不断升级换代，实现了网络全面覆盖。信息化自 2000 年以来经历了三个阶段的发展：

第一阶段是依靠电脑作为互联网入口的模仿时代，当时互联网刚刚出现，尚未普及。这一时期出现了以搜狐、新浪、网易为代表的门户网站。这一时期的互联网企业主要是通过模仿学习外国已有的商业模式。人们逐渐将搜索信息的方式从读书看报转换为网上搜索，逐渐适应了网络的出现。稍后于门户网站出现的是社交软件，人们对互联网的利用不仅仅停留在信息搜索上，还成为信息的主导者。以人人网（校内网）、开心网、QQ 等 SNS 平台为代表的社交网站如雨后春笋般涌现。而以 QQ、米聊为代表的即时聊天软件逐渐取代了短信息、打电话，成为人们沟通的基本工具。

第二阶段是智能手机大面积普及以及移动互联网的更新迭代所带来的本土化创新阶段。2009 年，我国开始大规模部署 3G 网络，与 2G 网络相比，3G 网络在全球范围内有更高的数据传输质量和更快的传输速度，可以更好地处理图像、音乐、视频流等多种媒体形式，更加快捷地提供包括网页浏览、电话会议、电子商务等多种信息服务；2014 年，我国又开始大规模部署 4G 网络，与 3G 网络相比，4G 网络通信速度更快，网络频谱更宽，通信质量更高，可搭载的通信方式更加灵活。2017 年《移动互联网蓝皮书》中总结道，2016 年我国移动互联网信息服务市场总收入达到 13786 亿元，同比增长 12%，对 GDP 增长的贡献约为 1.52%，从整体来看，移动网络经济已领先于 PC 网络经济的发展。

移动互联网的发展带动了互联网行业服务模式和商业模式大规模创新。4G 网络的发展、智能手机的技术革新和移动支付的普及促使互联网公司开始争抢移动互联网入口，以社交服务起家的微信和微博及以网购服务起家的淘宝和支付宝凭借着庞大的用户数量快速崛起，成功锁定了移动互联网的入口，牢牢掌握了互联网时代最重要的流量资源。借助不断革新的互联网技术和庞大的用户群体，移动互联网成为各行各业开展业务的重要驱动，新颖的应用场景和商业模式层出不穷。

互联网经济逐渐趋向成熟催生了新业态，本土化新型互联网模式在国内遍地开花，产生了多个独角兽企业。这主要归功于互联网的高速发展以及消费需求的不断增加，服务行业+互联网的新型模式不断出现。

第三阶段是技术创新带来的互联网引领阶段。云计算、大数据管理、设备互联、系统集成等技术的发展则真正代表了中国信息技术的国际地位和创新能力。以大数据算法和人工智能作为武器的字节跳动、与苹果一争天下为国争光的华为等成为代表性企业，我国在互联网经济领域逐渐从一个追随者转变为引领者。

伴随着互联网行业高速发展而来的是投资行业迅速介入。2005 年以来，由于经济技术不断进步，以及国家十部委《创业投资企业管理暂行办法》等相关扶持政策的陆续出台，我国本土创投业开始了快速的发展。一批有着独到眼光的企业家们开始了资本运作，成为互联网行业的风险投资者。这些企业家们随着互联网行业的蓬勃发展，积累了雄厚的财富。日益完备的资本供给体系为互联网行业的加速发展提供了更深厚的土壤。互联网时期 PEST 分析如表 4-6 所示。

表 4-6　互联网时期 PEST 分析

| 政治环境 | 经济环境 |
| --- | --- |
| 加强了对技术创新的支持，出台了一系列政策，如《国家中长期科学和技术发展规划纲要（2006-2020 年）》，提出了加强科技基础研究、支持创新型企业等措施。此外，中国还加强了对知识产权的保护和管理。创业投资企业扶持政策增加，新技术领域扶持政策增加，产业多元化发展，混合所有制改革全面铺开 | 中国经济持续快速增长，成为全球第二大经济体。中国政府提出的"一带一路"倡议、产业转型升级等，为技术创新提供了更广阔的市场和机遇。同时，中国也成为全球科技企业的重要市场和投资目的地 |

续表

| 社会环境 | 技术环境 |
|---|---|
| 中国的城市化进程持续加快，人口素质提高，消费需求和消费观念也在发生变化。特别是互联网和移动互联网的普及，为技术创新和应用提供了更广阔的平台 | 智能手机的普及，宽带网络的全面覆盖，互联网技术的加速发展，大数据、人工智能、新材料、生物技术等新技术出现并有了重大进展 |

资料来源：笔者整理。

# 4.2　小结

通过前文对中国晚清至今在政策、经济、社会文化和技术四方面外部环境的分析，可以发现中国的外部环境改变剧烈。从过去经济落后、技术匮乏到今天成为世界第二大经济体并拥有领先世界的技术生产力，经历了好几代人的努力。

具体来说，中国政府在治理经济方面历经了从晚清至改革开放之前的政策主导，到改革开放之后政府主导逐渐弱化的演变过程。自 1992 年起，国有企业改革力度不断加大，但在铁路、石油、军工等重点领域仍然实行垄断策略。不过随着政策的不断推进和落实，到 2017 年，垄断领域的试点改革取得了显著成果，我国市场化全面展开。尽管政府逐渐放权市场，但对于创新创业企业、高新技术企业和高速发展行业等的扶持逐渐加大。这表明政府在宏观调控方面仍然发挥着非常重要的作用。

在科技变化方面，改革开放之前，中国几乎完全依赖直接引进技术。自主研发方面的投资力度极低，主要的创新集中在管理创新、组织创新等软创新方面。随着互联网时代的到来，中国逐渐从直接引进转向模仿加本土化创新，主要创新体现在模式创新方面。在 2010 年之后，互联网对世界格局的重新洗牌为中国企业创造了超越的机会，中国企业也逐渐成为引领世界的科技创新力量。

在社会文化方面，企业家地位是一个非常显著的变化。从晚清到新中国成立之前，企业家地位逐渐提高，但在计划经济时期，企业家精神几乎绝迹。改革开放之后，企业家精神逐渐开始复苏。到 2017 年，出现了与企业家精神相关的政策文件，企业家精神的重要性受到了广泛的认可，企业家地位显著提高。此外，城镇化加速、消费需求增加、对新技术的包容性增强、人口密度越发集中等社会文化变化也对宏观环境产生了显著影响。而且随着人口红利的降低，中国也面临着更激烈的国际竞争。

在经济方面，中国经历了政策主导到市场化的改变。随着科技水平的提高，中国经济发展速度加快，从旧中国时期的落后挨打的地位到今天成为世界第二大经济体，拥有了更广阔的市场机遇，并且吸引了更多外资入驻中国市场。

# 5

# 各时期企业家精神的内涵与影响

## 5.1 各时期代表性企业家选择

企业家精神从刚刚萌芽到现在，已经经历了一个半世纪的洗礼。期间如前面分析的，外部环境无论是在政策、社会文化层面还是在科技层面都发生了剧烈的变化。这漫长的岁月中也产生了无数卓越的企业家，他们在变化中寻找机会，在机会中努力创新，在创新中开创新的纪元。

本章将对晚清到今天有代表性的企业家进行列举。晚清时期经历了两次鸦片战争和太平天国运动，中国官僚阶层意识到富国强兵需要工业文明的进步。洋务运动兴起，出现了一批革新的官办企业，采用和学习西方技术和设备，可以说是近代企业开端。除了官办企业家外，在外国资本主义的影响下，中国民族资本主义也开始兴起，实业救国也成为当时的主流，轻工业、金融业兴起。洋务派企业家的代表包括盛宣怀、徐润、郑观应、唐廷枢，而民族资本主义企业家的代表包括张謇、周学熙、范旭东、无锡荣家。

在外国资本主义的挤压下，民族工业发展缓慢。为了给民族工业争取更大的发展空间，民国时期一批企业家致力于改变中国金融业，建立健全的金融体系，为其他企业家们在争夺商业主权、促进民族工业发展方面做出了巨大贡献。代表性企业家包括陈光甫、张公权、虞洽卿。而金融行业的快速发展也确实对工业起到了助推作用，一大批民族企业家创办各种实业，又以教育改进实业，不断发展着中国经济，代表性企业家包括张元济、卢作孚、陈嘉庚、穆藕初。

新中国成立后虽然有过一段计划经济时期，抑制了国家经济和企业家精神的发展，但仍有一些国有企业的一把手发扬企业家精神，坚持不同方面的创新，加速早期工业化的进程。代表性企业家包括乐松生、荣毅仁、饶斌、黄正夏、经叔平。

改革开放之后企业家精神快速发展。一些乡镇企业家开始崭露头角，审时度势地开辟出属于自己的发展道路。1984 年随着人民公社的取消，计划经济最薄弱的乡镇开始出现生产经营，乡镇企业家出现并开始面向市场。代表性企业家包括鲁冠球、吴仁宝、刘永好。而几乎同一时期，中国社会改革不断加快，产权改革和体制改革带来了企业制度的优化，市场化进程不断加快。代表性企业家包括柳传志、张瑞敏、褚时健、李东升、马胜利。20 世纪 80 年代中后期，对外开放格局形成，企业家们开始对外输送中国产品，引进国外先进的产品技术，开辟了中国制造力量，代表性企业家包括袁庚、曹德旺、蔡志明。

深化改革时期，一大批体制内精英开始勇敢放弃体制内身份，下海经商，不断推进市场化。这一时期，中国的企业开始追求技术创新和品牌创新，中国出现了一大批属于自己的技术和品牌。也有一大批国有企业的领导者发扬企业家精神，进一步提高了中国制造的能力和品牌。代表性企业家有王石、王健林、吴亚军、孙宏斌、马明哲、郭广昌、宁高宁、董明珠、李书福、丁立国、王民等。

而随着互联网时代的到来，企业家们的创业活动更加多元，无论是最初通过山寨战略本土化经营的互联网时代引路人，还是不断迭代技术使中国真正进入互联网强国行列，再或者引入风险投资推动我国资本化的进程，这些都使中国的创业活动达到了高潮。代表性企业家有丁磊、李彦宏、任正非、马化腾、马云、熊晓鸽、沈南鹏、张磊、雷军、张一鸣等。具体如表5-1所示。

表5-1　代表性企业家列举

| | 代表性企业家 |
|---|---|
| 晚清时期 | 盛宣怀、徐润、郑观应、唐廷枢、张謇、周学熙、范旭东、无锡荣家 |
| 民国时期 | 陈光甫、张公权、虞洽卿、张元济、卢作孚、陈嘉庚、穆藕初 |
| 新中国成立到改革开放前 | 乐松生、荣毅仁、饶斌、黄正夏、经叔平 |
| 改革开放时期 | 鲁冠球、吴仁宝、刘永好、柳传志、张瑞敏、褚时健、李东升、马胜利、袁庚、曹德旺、蔡志明 |
| 深化改革时期 | 王石、王健林、吴亚军、孙宏斌、马明哲、陈东升、潘石屹、郭广昌、俞敏洪、宁高宁、姜建清、傅成玉、刘正亚、董明珠、何享健、王选、求伯君、王传福、李书福、梁稳根、丁立国、刘忠田、管彤贤、王民 |
| 互联网时期 | 丁磊、李彦宏、张朝阳、王志东、曹国伟、任正非、马化腾、马云、刘强东、周鸿祎、熊晓鸽、沈南鹏、张磊、李开复、阎焱、雷军、王卫、程维、王兴、张一鸣、姚劲波 |

资料来源：笔者整理。

尽管上述企业家都是时代的佼佼者，但鉴于本书的研究目的是探索企业家精神的内涵及其对时代的影响，而不是一部人物传记，因此，笔者通过专家评分法在各个时代选择2~4名典型企业家。

笔者邀请了4位专家为各评价指标进行权重赋值，并对企业家代表性程度打分。4位专家中2位是企业家精神研究领域的专家，2位来自创业者论坛资深撰稿人，分别代表着学术层面和行业层面对企业家精神的理解。

根据最终的评价结果，本书选取了 15 位创业者作为不同时代的代表，他们分别是晚清时期的盛宣怀与张謇，民国时期的陈光甫和卢作孚，新中国成立到改革开放前的饶斌，改革开放时期的柳传志、鲁冠球、张瑞敏，深化改革时期的王石、王传福、宁高宁，互联网时期的任正非、马化腾、雷军、张一鸣。

# 5.2　晚清时期企业家精神的内涵与影响

## 5.2.1　盛宣怀①

盛宣怀（1844~1916 年），洋务派代表人物之一，是晚清有名的红顶企业家，被誉为"中国实业之父""中国商父""中国高等教育之父"。盛宣怀作为中国走向工业化道路的奠基人，涉足的领域包括厂矿、交通、银行、教育等，并创造了 11 项"中国第一"。

1844 年，盛宣怀出生于江苏常州，是洋务派代表人物之一。盛宣怀的父亲是科举出身的官僚，由于父亲的关系，盛宣怀早年便与李鸿章有了接触并深受其信任。在协助李鸿章的过程中，他看到了列强的船坚炮利，接触了洋人的新技术、新思想，感受到了清政府的软弱与卑躬屈节，坚定了他走向洋务派的信念。盛宣怀开办过多个企业，涉足的领域包括厂矿、交通、银行、教育等，并创造了 11 项"中国第一"。

---

① 参考资料包括《盛宣怀未刊信稿》（盛宣怀）、《愚斋存稿》（盛宣怀）、《盛宣怀传》（夏东元）等。

### 5.2.1.1　发现机会

轮船招商局建立的背景是鸦片战争后《天津条约》的签订，各国列强夺取了长江航行权，外国企业纷纷在长江水道上行驶，垄断了我国的航运业，给我国传统沙船业带来了深重的灾难，濒临破产，兴办新式航运业的呼声越来越高。

铁矿厂建设是因为随着洋务运动的繁荣发展，各地建立的企业日渐增多，对能源的需求量也日益增多。不仅如此，洋人的船只也更加频繁地出入国内海岸线，为了降低成本，他们也有意在中国开采煤铁矿。

涉足电报行业的主要契机在于，还没有发明电报之前，长途通讯的主要方法是驿送、信鸽等。这种传递方式不仅成本高昂，而且容易被外界环境影响，影响传递速度与准确率。电报对军事、通讯等的重要性使一部分官僚、商人、思想家开始酝酿自行创设电报事业。真正令清政府痛下决心发展电报行业是由于晚清中国边疆遭遇"海防起事"，发展电报行业是为了军事需要而做的决策。中国电报业的发展起初是由李鸿章于1879年倡导发动起来的，而这个设想是出自盛宣怀的建议。于是1880年天津电报局创办。盛宣怀被任命为总办。

### 5.2.1.2　企业体制的创新

在以李鸿章为首的多位官员不断争取下，轮船招商局初见雏形。轮船招商局可以说是由李鸿章以直隶总督兼北洋大臣的身份一手创办与扶植起来的。盛宣怀作为负责经营和管理的关键人物，参与了轮船招商局的创办，提出了许多正确主张。盛宣怀起初主张商办，但是被当朝否决，无奈之下轮船招商局在初期还是遵循着"官商合办"的模式。然而"官商合办"的模式有其局限性：官办轮运仅运输漕粮而不载客揽货，很难与洋人争利；同时官运也很难召集商股，吸引原本依附洋人的商者。在种种负面结果的影响下，"官商合办"慢慢转为盛宣怀坚持的"顾商情"，新的模式由盛宣怀提出，即在政府监管之下"招股商办"。

盛宣怀所拟写的"饬议章程"已经具有现代公司的雏形。首先，他提出主理之人需要是"殷实可靠"的像绅商之类的人，他们可以起到联络官商的作用，受到两个集团的信任；其次，依照外国洋行的章程，制定了招股方式与分红方式；最后，确定经营模式，制定价格和标准，明确指出不得以官势损害公司的利益。

盛宣怀着手准备开办芦汉铁路招商总局时遭遇资金困难。盛宣怀建议采取官股、商股、洋债并用的办法，并在上海成立了铁路总公司以招商股。借用洋债虽然使公司保留了很大程度的自主权，但公司被迫接受苛刻的借款条件，最终导致中国丧失了越来越多的路权。最开始盛宣怀坚决反对洋行入股的原因的确是为了能够保留铁路和企业的自主权，然而大规模扩张不得不抵押等措施导致最终无力偿还，反而受到了洋行的剥削与控制，确实引得一片唏嘘。但是盛宣怀在发展中国铁路行业时的创新性是必须要提到的。他主张把握最中心的干路，以芦汉路为中心向外扩散，南抵粤海，北至吉林，把握全局。这样在延伸的过程中便有机会击破洋商的线路收回路权。同时，提议学习日本的方法，所有支路允许华商筹款接造，以此快速覆盖全国。

虽然这一行为最终导致铁路虽名为国有，却被外商掌握的困顿局面，但我们从回顾历史的角度来看，这一举措确确实实为中国交通行业的发展，乃至工业化、现代化的发展都带来了积极的影响。

后来盛宣怀在能源、电信、金融等行业都有所涉足，并且充分发挥了运营招商局和铁路总公司时的经验。比如以盛宣怀创办的能源企业为例，他准确把握到目前洋务运动带来的对能源的需求，并且借鉴招商局的成功经验，推行官督商办模式。他认为，民无力，商无权，官易腐，只有三者合办才能成功。他对利润分配做出了明确规定，比如"商以资本投资获利""民作为劳动者获得工资""官收取税收"，等等。这一举措把社会闲散资源整合起来用于开发资源，所以这次筹股是非常顺利的。

### 5.2.1.3  企业竞争战略

招商局当时面临非常严酷的竞争环境。首先，招商局在外洋航务上受到洋行的严重打击。其次，洋行为了更加彻底地打击招商局采取了跌价措施。这一举措的确给招商局带来很大的威胁，却同时使他们自己的运营也进入险地。招商局当时举全国之力，尤其有来自政府的倾力扶持，在彼消此长的过程中慢慢站在可与洋行一争的地位。在这一关键时刻，在盛宣怀的坚持下，1877 年由盛宣怀、徐润、唐廷枢等人共同完成了并购旗昌轮船公司（美国资本）的活动。在这一收购活动中，盛宣怀主要负责联系官商，从各方筹集股款以达成收购目的。并购旗昌轮船公司使招商局壮大了力量，增强了与洋行的竞争力，迫使当时两家外国龙头企业与招商局共同签订了齐价策略。

收购旗昌轮船公司之后，盛宣怀在整顿招商局意见中提到多项措施：第一，售卖无法盈利的船只，补给新船，他认为船不在多，在于精且快——体现了他在财务管理上的天赋；第二，他提出整顿原有的洋人管事，因其工资高且有过分铺张浪费、虚报价格等现象产生——体现了他在人力管理上的能力；第三，对任用亲朋的现象进行整顿——体现了他不受传统文化拘泥的精神。他的这些办法是符合近现代的经营原则的，尤其整顿雇佣亲朋这一举措是对"任人唯亲"这种中国传统文化的挑战。

不仅如此，盛宣怀还聘请洋矿师，洋矿师可以培训矿业人才。一方面让这些人才随矿师实地学习；另一方面也派一二十人在外国专学开矿本领，二三年后即可先行回国备用。这里体现了盛宣怀对于人才的重视，体现了他在人力管理方面卓越的才能。盛宣怀也同样意识到科学采矿和炼矿的重要性，这也体现了盛宣怀对于掌握科学技术的重视。

## 5.2.2 张謇[①]

张謇（1853~1926 年），清末状元，中国近代实业家，主张"实业救国"。中国棉纺织领域早期的开拓者，上海海洋大学创始人。

张謇 1853 年出生于江苏常乐镇。他早年曾为了考取状元四处奔波，做了多年幕僚，在 41 岁时考上了状元。张謇先后创办了大生纱厂、通海垦牧公司、大达轮船公司、复新面粉公司、资生铁冶公司、淮海实业银行等数十家企业，是中国近代实业家、政治家、教育家、金融家、慈善家。

### 5.2.2.1 发现机会

经历了多年考学，张謇终于高中状元，步入了仕途。然而，恰逢中日甲午战争爆发，清政府与日本签订了丧权辱国的《马关条约》，激起了张謇极大的愤懑。在这种激昂的民族情绪下，他坚定了实业救国的目标。

在此目标驱动下，他细心观察，发现当时输入中国的大宗商品就是棉纺织品和钢铁，意识到这两类商品关系到人民的生活和国家的发展，遂决定进入这两个行业，倡导并践行"棉铁主义"。

### 5.2.2.2 企业家技能

虽然经历了各种颠沛流离，但幸运的是他的才华并没有被埋没。张之洞对张謇尤为看重，主要是因为张謇与张之洞有相近的政见主张，他们认为军事、经济、教育改革是救亡图存的必要路径。张之洞授意张謇在通州筹办纱厂，成为张謇投入实业的第一步。对于文人张謇来说并不容易，尤其在思想上，从备受敬仰的读书人到被漠视的商人，是一种颠覆性的心理调整和价值转变。

---

① 参考资料包括《张謇评传》（卫春回）、《状元巨商——张謇大传》（张莉红）、《张謇全集》（张謇）等。

### 5.2.2.3　企业制度创新

大生纱厂选用的是官商合办的形式，较官督商办更接近现代企业的经营模式。大生纱厂最初协议是商办。经过两个多月的招商活动，集合了买办、绅商、本地花布商作为股东。但由于当时社会风气未开，人们对工厂并不了解，导致招集外股十分困难，商办方案一时受阻，不得已将张之洞曾经购买的官机纱锭作价入股。经商讨，官机折价 50 万两作为大生纱厂股金，商股也集 50 万两，这样，大生纱厂由原定商办改为官商合办。他充分发挥了"绅领商办"的企业体制优势。张謇状元企业家的身份，是最有力的绅士身份，吸引官股难度低，同时也增加了商人的权利，因为这一体制限制了官方，使他们没有决策和管理权。官股只是按比例领取"官利"，与商股已经没有区别。这与早前的"官督商办"已经有了进步。大生纱厂从最初的"商办"到"官商合办"，再到"绅领商办"体现了张謇的应变能力。虽然张謇相信"商办"是企业化发展的最好条件，也深刻了解洋务企业衰败的主要原因在于官方垄断体制的弊端，但由于当时在封建专制统治与外国资本主义双重压迫之下，商办面临重重压力，为了能顺利开办运营企业，张謇及时调整战略，实行"绅领商办"。

运营管理方面，张謇遵循资本主义的经营管理模式。张謇亲手拟定的公司章程《厂约》规定了公司董事、执事、总理职责，实行直线职能管理方式，高度集权、分层管理，还规定了统计报表制度、奖惩制度、工薪发放办法、伙食标准、会议议程、利润分配方式等。这种管理方式基本上克服了官办企业中机构臃肿、以权谋私等弊端。

### 5.2.2.4　企业经营战略

虽然凑够了起步的资金，但却缺乏足够的流动资金。1899 年 5 月大生纱厂第一次正式开车，也经历了最严峻的资金考验，张謇甚至开始卖字给旅客以解燃眉之急。但这不是长久之计，大生纱厂进入了进退维谷的困窘之地。

1899 年底，在张謇的带领下，大生纱厂终于渡过难关，成为可与国内外同行并驾齐驱的企业，这主要得益于以下几点经营战略：

首先是张謇对市场的准确判断，实行"土产土销"的经营策略。在资金最为吃紧之时，张謇接受了好友沈敬夫的建议，"定计尽花纺纱，卖纱收花，更续自转，至不能有花纺纱，则停车闭厂以还股东"，即收一批棉花立即纺纱销售，收到钱款再收下一批棉花。大生纱厂所处之地通州盛产棉花，占全区总产量的 35%，这保证了纱厂的原材料供应。而 1897 年甲午战争之后的经济萧条也得以平复，棉纱市场进入繁荣期，需求不断增大。供求关系的平衡使大生纱厂的运作进入良性循环，资金链稳定，纱厂终于开始正常运转。

其次是他对价格机制的灵活运用。为了保障棉花的供应并且保证价格，在大生纱厂开办的第四年他便创办了通海垦牧公司，以保证纱厂长期保持供求自助的能力。1922 年，张謇在分享自己的办厂经验时说道："工厂必求原料，原料必自求适用与济用，乃不为社会之需求，而受任何之影响。"

最后是他在销售策略方面依据当地市场的产品结构，紧紧围绕当地农织户的市场需求确定策略。他精心培养了一批固定的经销户，经销户分为基本户和普通户两种，经过精心的筛选以获得稳定的销售渠道。

自 1895 年开办大生纱厂起到 1926 年张謇逝世，大生纱厂发展成了四个厂，总资本达到 770 余万两，并且围绕着大生纱厂创办了大大小小 34 个企业，包括冶铁、日用品、交通运输、机器、码头、食品、仓库、银行、服务行业等，原始资本达到 600 万两。大生纱厂在苏北各县先后创办了 20 个盐垦公司，集合工业、农业，形成了庞大的大生民族资本集团。

### 5.2.3　小结

晚清是我国企业家精神萌芽的时代，盛宣怀、张謇是晚清企业家的代表。得益于西方工业革命的成果，晚清精英分子越发认识到技术与商业对国家发展的重要性。强烈的救亡图存意识、洋务运动的兴起，塑造了当时的企业家精神。外部环境、个人特质从内外部影响着机会产生和评估的过程，之后创业者利用创新手段对机会进行挖掘，整个过程都是当时企业家精神的独特体现。而企业家精神塑造的过程给当时的时代带来了巨大的影响。

具体来说，晚清时期的技术变化非常显著。伴随着大清国门的打开，机器时代席卷而至，对以手工业为主的大清产生了根本性的冲击。政策环境改变也非常显著。随着与国外交流的加剧，精英分子越发了解到晚清科技的落后，自上而下的洋务运动从国家精英层开始推进。在政策环境和技术环境双重影响下，传统的作坊式商业模式被更先进的科学管理模式代替，出现了接近现代化经营管理方式的企业。社会环境方面，由于动荡不安的国家局势，救亡图存的呼声越来越高。商人的地位逐渐提高，颠覆了我国重农轻商的传统文化，实业救国成为很多人寻求的出路。另外，这段时期也经历了较高的人口增长率，为企业快速发展创造了较好的社会条件。

这一系列变化为晚清企业家精神的产生和快速发展创造了客观条件，而企业家的独有特点使他们更有效地抓取了这些机会。

首先是他们的动机。由于当时国家正值动乱之际，企业家们最初投身经济事业的主要原因是为了与洋人争利，认为强国首先要富国，而经济发展是重中之重。可以发现，这一时期的企业家致力于为我国保留更多的利益，在很多与国家发展息息相关的行业耕耘，不惧与外国企业正面碰撞，这些加剧了人们投入实业的动机。

其次是这一时期企业家的技能也使他们更好地利用自身优势投入企业家活动中。他们一般都与政府关系密切，尤其是洋务派官员，比如李鸿章、张之洞等人。他们同时也坚定以商为主的商业模式是企业发展的根本，因此在坚固的政府关系基础上，都体现了私营企业的特点。这些企业家有些是官员出身，有些是状元出身，有些是买办出身，使他们有机会掌握更先进的知识。他们都有良好的知识基础，乐于学习，愿意引进西方技术对其进行本地化改良。

在创新方面，这一时期的创新主要体现在企业组织方面。洋务运动虽然带来了新的技术，但更为重要的是文化方面的输入。越来越多的企业家们认为私营企业才是更好的发展之道，通过制定公司章程限制了政府在企业内的权力。将企业从政府管理中剥离出来，逐渐产生了较为独立的企业团体。这一时期的企业更尊重商业规律，从官办、官商合办、官督商办一直演化到绅领商办，甚至最后出现了接近现代化管理模式的企业，企业组织创新巨大，为当时的经济发展创造了极佳的条件。

企业家精神的塑造带来的时代影响非常显著，最主要的是开启了现代化和工业化发展时代。企业家为了协助提高国家整体竞争力，在硬科技方面致力于引进西方技术创办工业企业，在软科技方面学习西方先进的管理模式，提高企业整体运行效率，如图5-1所示。这些为后来民国快速发展的黄金十年奠定了基础。

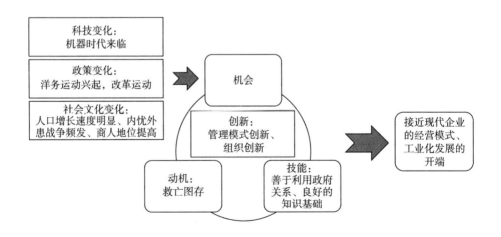

**图5-1　晚清时期企业家精神特点和影响**

## 5.3　民国时期企业家精神的内涵与影响

### 5.3.1　陈光甫[①]

陈光甫（1881～1976 年）是我国著名的银行家、外交家和社会活动家。江苏镇江人，原名辉祖，后易名辉德，字光甫，以字行世。1915 年 6 月创办上海商业储蓄银行，资本从最初的 10 万元发展到后来的 500 万元，分支机构遍布全国。陈光甫创造了中国金融史上的多个"第一"，在 20 世纪前半叶的中国有着举足轻重的影响。

陈光甫 1881 年出生于江苏镇江，1915 年 6 月，陈光甫与礼和洋行买办、红十字会会长庄得之等人在上海创办了上海商业储蓄银行，陈光甫任总经理。陈光甫将上海银行的行训定为"服务社会，辅助工商实业，抵制国际经济侵略"。

#### 5.3.1.1　发现机会

陈光甫早年跟随父亲在报关行工作，后来得益于在报关行精进的英语能力，使他顺利考入汉口邮政。作为现代化程度最高的两个机构——邮政与海关，让陈光甫很早就开始接触了现代企业机制。之后陈光甫进入美国圣路易商业学校学习，且在毕业后进入美国银行短暂实习，更加深了对现代银行的理解，为后期创办上海商业储蓄银行奠定了基础。

---

① 　参考资料包括《陈光甫日记》（陈光甫）、《陈光甫与上海银行》（吴经砚）等。

后来回到中国担任苏州银行监督的陈光甫发现银行与军阀之间勾连，银行像是军阀的储备金库，并且注意到当时的官僚、士绅、商人、地主等多把资产存入租界内的洋商银行，而中下层老百姓即使有闲散资金也几乎没有可安全存放之处。因此，他认为中国需要有为中下层人民提供存款业务的银行，有了自己开办银行的念头。

### 5.3.1.2 模式创新

陈光甫对中下层人民存款的有效利用是上海银行迅速发展的根本。陈光甫发现这一市场空白后便提出要注重小额存款。他设定一元即可开户，还将储蓄盒分发给储户以便积贮成数，进一步激发中下层老百姓的储蓄热情。他还拓展了银行的储蓄业务，逐步开办了活期储蓄、定期储蓄、零存整取、整存零取等多种储蓄业务，也发行各种礼券，允许在上海银行的任意分支机构中兑换。1926 年底，上海银行的资产以及存款数额在全国已名列前茅，1937 年，存款总额已突破 2 亿元，位居国内第一。

在商业储蓄业务获得成功之后，陈光甫大力推行外汇、信托、保险、旅行等业务，同时大力提倡发展工业金融、农业金融和平民金融等，不局限于专营商业金融，他理想中的银行事业是采取新式的美国银行"百货商店"式的经营方法。陈光甫认为要提高银行的社会声誉，必须全面推进各项业务，充分地发挥银行互通有无、服务社会的作用，这样才能达到事半功倍的效果。这种多管齐下的业务模式在当时是商业银行制度中的首创，可谓是开风气之先。依靠外汇业务的成功，上海银行建立了在国际金融界的信誉；而对国货工业和内地农村的放款，促进了民族经济的发展，进一步扩大了银行的社会影响力。

### 5.3.1.3 企业发展战略

无论存款数额大小，陈光甫都要求员工招待周到、热情。为了吸引普通民众，陈光甫要求上海银行和各分支机构门面朴素。这些举措使上海银行的影响力进一步扩大，赢得了顾客的好感和信赖。

即使在非常时期，陈光甫也非常重视对银行信用的维护，他对于市场的了解和放款的谨慎使上海银行在战时维持了运行不致崩溃。抗日战争爆发前，陈光甫为了应付提存，指定南京、汉口、天津三处为现金集中地，由上海总行各分拨 300 万元作为准备金，并规定各支行将现金如数储存库中，不得转存他处；法币和港币存款即使在战时由敌伪强制折为军用票和伪币，抗战胜利后仍按原币种支付。虽然银行方面有一定的损失，但是保护了储户的利益。随着战事结束，上海银行度过了提存风潮，存款也日渐增加。

陈光甫也同中国银行、交通银行等保持着良好的同业关系。通过与同业合作，不仅提高了对外信用，也增强了抵御银行风险的能力。上海银行与其他民营银行保持着平等互利的业务往来，但是对于和政府关系比较密切的银行采取了谨慎的态度，以确保上海银行经营的独立自主和资金的安全。

## 5.3.2　卢作孚[①]

卢作孚（1893~1952 年），重庆市合川人，是民生公司创始人、中国航运业先驱，被誉为"中国船王""北碚之父"。他的活动跨越了"革命救国""教育救国""实业救国"三大领域，创建学校、图书馆、博物馆，普及文化和教育；创办民生公司，后发展成为中国近代规模最大的民族航运业资本集团；以北碚为基地，从事乡村建设的理论探索和社会实践；抗日期间坐镇宜昌，组织领导了宜昌大撤退，保存了中国民族工业的命脉，被历史学家评为"中国的敦刻尔克大撤退"。

---

① 参考资料包括《卢作孚文集》（卢作孚）、《论卢作孚对民生公司的有效管理》（金铮、邓红）等。

卢作孚 1893 年出生于重庆市。儿时的卢作孚因家境困难不得不选择辍学，但他没有放弃对知识的渴望，通过不同的方式学习各类知识。在自学之路上，他受到了民主革命学说的影响，加入了同盟会。在清朝覆灭后，他开始了四处逃窜的生活。在流亡上海的途中，第一次坐上轮船的卢作孚发现头等舱里只有外国人，而中国人只能在下等舱里窝着，连基本的人权都无法保障。创办中国人的轮船企业的想法在这时种进了卢作孚的心里。

### 5.3.2.1　发现机会

尽管洋务运动的破产昭示了清政府的腐败无能，但为了挽回颓势，清政府放宽了对民间工业的限制，使中国工业企业进入了一个小爆发式增长的阶段。这一态势也一直延续到民国成立之后，火柴、棉纺等轻工业发展迅猛。在这一背景下，运输行业的需求也逐渐增加，重工业发展迫在眉睫。此外，他也发现了客运轮船供给的空白，将客运轮船作为主要瞄准的市场机会。

### 5.3.2.2　商业模式创新

1926 年卢作孚在家乡四川省合川县创办了民生公司。民生公司初创之时，卢作孚采取了"避实就虚，人弃我取"的经营策略，准确定位了民生公司的主营业务——客运为主、定期航行、开辟新航线，与其他竞争对手直接划开竞争优势。

卢作孚首先在轮船上废除"三包制"，实行"四统制"。"三包制"也称"买办制"，公司把驾驶、轮机和业务分别包给中国买办办理。"三包制"有明显的缺陷，承包者各施其政，相互倾轧，经常出现误航期、乱涨价、运私货等问题。而"四统制"则大大降低了这种问题出现的可能。"四统制"将人事、财务、物资由公司统一支配，使公司决策从上到下能够有效贯彻，大大提高了轮船的经营效率。

卢作孚所设计的管理体制非常超前，"集中决策，分散管理"直到 20 世纪 70 年代才成为美国企业的主流管理方式。专门化、部门化、职能化、民主化的公司结构加强了对于船只的管理权，增强了公司竞争力，公司员工能够卓有成效地开展工作。

### 5.3.2.3 企业发展战略

企业发展主要依托卢作孚卓越的管理能力。卢作孚曾说，"所谓最高效率，系要求以最少人力、最少物力、最快时间，换得最多结果，最好结果。"卢作孚破除陈规，改革创新，以一套自成体系的管理方式开辟了符合实际的航运发展道路。

他建立各种会议制度，明确规定会议时间不能过长，每次会议都要有决议并且要检查执行情况。每位员工都有发言机会，领导与职工监督批评、传递信息。公司还建立了巡回检查制度，卢作孚以身作则，经常到船员间、茶房间和员工交流。在股东大会方面，民生公司将股权分散，董事不受股权多少的制约，而大股东的决议权受到限制，这样能够避免大股东对公司的操纵。

卢作孚的另一个企业家精神的体现是他对人才的重视。他把人看作企业发展的决定因素，任人唯贤，确立了"低级人员考，高级人员找"的制度。卢作孚高薪聘请海内外的航运专家，形成了一个年轻化、有知识、有能力的民生领导集团，他也被称为人才鉴赏家、收藏家。卢作孚重视教育、重视人才，创办民生公司后他也把知识教育与技能训练作为人事管理的重要一环。训练内容因岗位不同有所侧重，船员的培训有集中训练、个别训练、直接指导、间接影响等技能强化，茶房也须接受医药常识、图书管理、服务等方面的训练，船警主要是军事、劳动和航警技术的训练。成绩突出、前途有望的职工，还会被选送到国内外著名的工商学校或科研机关深造。因此，民生公司的员工做事勤勉且无不良风气，这也是提供高质量服务的基础和保证。

1933 年，卢作孚正式提出了"民生精神"，公司的宗旨是"服务社会，便利人群，开发产业，富强国家"。公司积极参与社会上的各项爱国运动。民生工人在抗战运输中的巨大贡献和牺牲精神为世人所知，整个宜昌大撤退，也被称为东方的"敦刻尔克大撤退"，民生公司的船只担负了90%以上的运输量，只收取极为低廉的运费。这次壮举保存了抗战力量，得到国民政府两次嘉奖。

当时只有一艘70吨小轮的民生公司经过卢作孚20年的经营，成长为拥有轮船140余艘，总计5.1万余吨，职工9000余人，航线从长江到沿海，远及日本、印度、新加坡、菲律宾等地的大型公司，充分体现了卢作孚卓越的企业家精神。

### 5.3.3　小结

综合前文可以发现，民国时期科技、政策、社会文化都发生了剧烈的变化。科技方面，延续了晚清口岸开放带来的交流活动，对西方工业文明和社会文明的理解逐渐加深，越来越多的有识之士学习和运用先进的科技和管理技术。政策方面，政府对本土企业的贸易保护逐渐增强，从政府层面推进西方文化与科技学习的项目也逐渐增多，进一步推动了科技进步。而社会文化方面的变化尤为明显，包括民族主义爱国主义的形成和成熟、第一次世界大战的开始、城市化进程等，为工商业和金融业的发展提供了客观条件。

这一时期企业家创立企业的动机主要是为了富强国家并抵制国际侵略。实业救国以及对生产力和科学管理模式的追求使企业家不断追求技术与管理模式的创新。在技能方面，他们更善于发现普通老百姓的需求；管理能力也与过去有了较大区别，遵循以人为本的民主方式，而不是自上而下的指派制。

具体来说，他们信奉振兴实业、自由企业和经济合理化的思想体系。这些新一代的企业家大部分都有留学经历，认识到掌握现代技术与管理方法的重要性，他们对国内外的现实状况有着充分的了解并且不被旧传统、旧制度所约束。

在创新方面，这一时期的创新主要体现为管理创新以及服务和产品创新，达到了几乎完全意义上的市场竞争。从企业角度来说，人才培训、人力资源、管理方式等都有了新的模式。从市场角度来说，企业开始提供多元化服务和产品。这些都与晚清时期有了明显的不同，如图5-2所示。

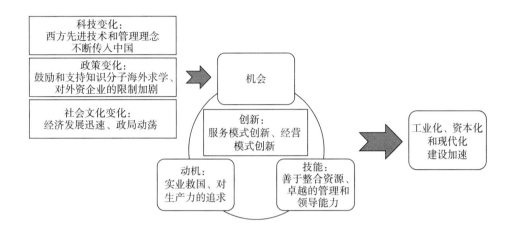

图5-2　民国时期企业家精神特点和影响

# 5.4　新中国成立到改革开放前企业家精神的内涵与影响

## 5.4.1　饶斌①

饶斌（1913~1987年），生于吉林，原名饶鸿熹，中国汽车工业

---

① 参考资料包括《饶斌传记》（张矛）等。

的奠基人，享有"中国汽车之父"的盛誉。曾任中共吉林市委书记，吉林省委委员，长春第一汽车制造厂厂长，长春汽车拖拉机学院院长，第一、第二汽车制造厂党委书记，第一机械工业部部长、党组书记，中国汽车工业公司董事长。

饶斌 1913 年 3 月出生于吉林省吉林市。新中国成立前，他积极投身于抗日救亡运动，曾先后担任中共晋西北临时省委秘书长、中共静乐地委宣传部长、地委副书记，中共晋西北八分区地委书记。新中国成立以后，受中央委派，饶斌携其妻子张矛赴东北工作。先后担任中共抚顺地委、市委书记，哈尔滨市副市长、市长，松江省人民政府副主席等。

### 5.4.1.1 发现机会

新中国成立之初，中国还没有自主制造汽车的能力，而当时美国的汽车产量已经可以达到 800 万辆。这使毛泽东主席意识到国家实力的巨大差距，并坚定了自主建厂造车的决心。

从苏联参观完斯大林汽车厂的毛主席回国后在哈尔滨短暂停留，由时任哈尔滨市市长的饶斌全程陪同，饶斌温文尔雅的气质给毛主席留下了深刻的印象，为其后来被委任为长春汽车厂厂长奠定了基础。1952 年国家重工业部"六五二厂"印鉴开始启用，饶斌被委以重任，负担起建设祖国第一汽车厂的责任。在饶斌的领导下，仅用短短 3 年时间便在长春南郊建立起一座现代化的汽车城，制造国产解放牌载重汽车，结束了中国不能制造汽车的历史。

### 5.4.1.2 体制内创新

作为体制内的领导干部，饶斌带领着职工艰苦创业。当时工厂接到生产轿车的任务，经研究组商讨，确定轿车既要有"胜利"的适应性，也要有"丰田"的经济性，还要有"奔驰"的舒适性特点。如此高难度的任务如果没有饶斌在人才培养上的深谋远虑难以完成。历时一年，在饶斌厂长的带领下，第一辆"东风"轿车诞生。

饶斌是一位有战略眼光的企业家。他担任一汽厂长后，对如何加快培养优秀人才极其关注。饶斌当时奉命筹办长春汽车拖拉机学院，协调上海交通大学、华中工学院、山东工学院的部分院系，共同组建了汽车拖拉机学院，由饶斌担任第一院长。在担任院长期间，他招贤纳士，引进了一大批国内顶尖人才，为后来我国汽车行业的发展贡献了力量。

在建厂初期他亲自领导了广泛持久的人才培养学习活动，针对不同类型的人员实行不同的培养计划。对由党政军部门调来的干部，要求他们学文化、学技术、学业务；对由学校分配来的青年知识分子，要求他们结合所从事的专业工作进行深入学习，尽快成为专家；对招来的青年工人，进行系统而严格的培训；选拔了500多名领导干部、技术人员、技术工人赴苏联学习。

为解决教师缺乏的问题，除了聘请一批苏联专家在现场进行指导外，他还提倡能者为师，让高学历和留学归国的技术人员担任教员。当时，全厂干部职工在完成繁重的建厂和生产准备工作的同时，业余时间基本上都用在学习上了。当时的一汽可以说是当之无愧的学习型工厂。这不但保证了一汽的顺利建成和投产，而且为全国培养和输送了大批领导干部和技术人员，实现了饶斌提出的"出汽车、出人才"的宏伟目标。

后来，饶斌被指派承担建设二汽的任务。当时由于中苏关系转恶，二汽的建设必须依靠中国自己的力量。因此，饶斌在建设二汽时确定了"聚宝"方案，从一汽等有关工厂抽调骨干力量承包、建设二汽的专业厂。建设中，注意采用新工艺、新材料、新技术、新设备；同时以采用国产设备为主并适当引进部分国外的先进设备。这个建厂思路得到国务院领导的肯定和重视。在有关部门和省市特别是一汽的大力支援下，二汽的广大干部、技术人员和工人共同努力，建厂工作迅速而有序地展开。

### 5.4.1.3 企业发展战略

饶斌担任机械工业部和汽车工业管理局的领导后，为了改变汽车工业"大而全""小而全"的低效局面，亲自组织开展全国汽车工业结构调整规划的调查研究。他提出，大厂生产的某些质量好、价格低的零部件可以供给小厂，某些小厂生产的质量高、价格便宜的零部件也可以供给大厂，促使那些产量小、产品质量差、成本高的工厂停止生产。经过这次调查研究和调整规划，二汽组成了跨省市的联营公司，促进了全国性大联营，确立了以专业化协作为基础开展社会化大生产的理念，我国汽车工业结构的调整开始起步。

## 5.4.2 小结

新中国成立初期因为缺乏经验，中国走了不少弯路。对私营企业的错误认知，减缓了我国市场化的进程，相应地，对企业家精神的发展带来一定的负面影响。即使委以重任的国企，它们的管理者也或多或少受到"文革"等的牵连甚至迫害，很难发挥其企业家精神。但是，企业家精神仍然在这样的困难境遇中演化出了自己独有的特点，代表性的特点主要体现在国企管理者和海外华人企业家身上。

这一时期外部环境产生了巨大的变化。新中国成立后，政策方面与旧中国有了显著的变化。首先是在经验不足的情况下直接复制苏联高度集中的计划经济模式，严重影响了市场供需平衡，对市场经济造成了严重的打击。进一步地，人民公社化运动和"大跃进"对民力造成极大的浪费，冲击了农业轻工业等关乎民生的行业。在这种政策影响下，社会环境也出现了巨大变化，经济发展缓慢，人民生活水平直线下降。

尽管政策变化和社会变化都对创业机会产生了负面影响，但科技的变化创造了一定的机会。新中国成立初期，我国科技发展处于较为落后的状态，接受苏联工业发展的经验对我国当时的科技尚有一定好的影响，促进了我国工业企业的发展。

在这种背景下，国内可以被称为企业家的群体几乎都存在于国企中，他们从事企业家活动的动机是为了实现我国社会主义并推动工业化发展。他们以国家战略为企业发展方向，献身于国家社会主义建设。另一批主要群体是离散到海外的华人企业家。可能有人会有这样的疑惑，既然这些人离开了中国，是不是还能代表这一时期的企业家精神？笔者也有过这样的困惑。然而，这些离散在海外的企业家也受到中华文化的影响，尽管离开了祖国大地，但无论是行为模式还是思考方式，都保留着中华民族的特点。因此，也可以从另外一个角度呈现当时不受前文提到的负面条件影响下，我国企业家精神可能表现的特质。海外华人在当时处于各个地区战后重建产生的巨大商机中，在机会驱动下实行创业活动。可以发现，这一时期的海外华人企业家已经呈现出机会驱动的特点。

在企业家技能方面，国企管理者主要是引进学习苏联工业技术，体现了他们卓越的学习能力，而且他们都非常重视人才，在挑选人才和培养人才方面体现了卓越的眼光和能力。海外华人企业家则是体现了他们对市场的准确判断，并且可以通过对资源的有效调配提高自身竞争力，实现行业中的多个第一。

在创新方面，这一时期体现了较强的管理创新能力，主要表现为对人才的重视和培养。尽管这一时期出现了一些国内之前没有的工业产品，但这些工业产品更多的是通过直接引进苏联技术的方式生产的，并没有体现出我国科技、产品的创新。即便如此，我国企业也通过引进的手段逐渐掌握了新知识和新技术，为我国改革开放之后继续推进工业化发展奠定了基础。而海外华人主要是在传统行业的基础上，对其进行模式创新，更符合当时的市场需求。这一时期企业家精神的表现如图5-3所示。

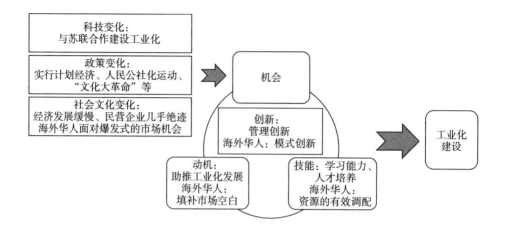

图5-3 新中国成立到改革开放前企业家精神特点和影响

# 5.5 改革开放时期企业家精神的内涵与影响

## 5.5.1 柳传志①

柳传志（1944年4月—），联想集团创始人，现任联想集团有限公司董事局名誉主席，联想集团高级顾问。1984年柳传志和10名技术人员成立"中国科学院计算技术研究所新技术发展公司"，从摆地摊起家，转而做进口电脑品牌代理商，进而研制自主品牌的电脑，几十年间带领联想成为世界领先的计算机企业，并数度跻身于全球500

---

① 参考资料包括《激荡三十年》（吴晓波）、《贸、工、技——联想之路——谈联想的高科技产业化》（柳传志）等。

强企业名单。2000 年被中央电视台《经济半小时》栏目评选为中国经济年度人物，被《财富》杂志评为亚洲最佳商业人物。2011 年 11 月 2 日柳传志卸任联想董事会主席。

柳传志 1944 年出生于江苏镇江，是联想集团的创始人。创业之前他是中科院计算所的一名高级工程师。也正是 13 年的研究经历使他很早就意识到当时国内的科技力量与国外还相差甚远，使他萌生了自己创业的想法。

### 5.5.1.1 发现机会

中共"十五大"鼓励多种所有制并存，创业门槛降低。计算所带领众科学家到国外考察时发现，科技要发展，企业是必不可少的要素。回国后也希望所里可以有人先出去办企业，把先进技术推广出去。当时，柳传志正好也从《人民日报》上一则养牛的新闻敏锐地察觉到新的时代即将到来，便主动请缨，毅然选择"下海"。1984 年，柳传志联合其他 10 人在 12 平方米的小房子里成立了"中国科学院计算技术研究所新技术发展公司"。

### 5.5.1.2 治理结构和战略创新

柳传志"贸工技"的战略方向体现了他在战略决策上的卓越能力。20 世纪 80 年代末 90 年代初，由于政府放开贸易保护政策，中外电脑企业展开了激烈的争夺战，大量本土企业瞬间溃不成军。时任联想总裁的柳传志与总工程师倪光南在联想的发展方向上产生了分歧。倪光南认为，联想应当对标 Intel，将重心放在芯片开发等核心技术上，走"技工贸"路线；而柳传志则旗帜鲜明地提出联想要坚持"贸工技"战略，因为高科技产品不一定适应市场需求，只有将产品卖出去、企业拿到钱，才能生存下去。

考虑到芯片技术本身是一项需要巨大的前期投资，且耗时长、收益无法保障的项目，而当时的联想尚不具备自主研发处理器芯片等核心技术的实力，柳传志认为联想如果继续坚持"技工贸"路线，非但不能改变世界的电脑市场格局，反而可能让联想失去市场而折戟沉沙。相反，改革开放使得中国制造拥有了前所未有的成本优势和市场红利，柳传志果断将联想的战略方向从"技工贸"调整为"贸工技"。他强调，贸是基础，贸要先行，先从贸易开始积累资金和经验，继而发展"工"和"技"，在企业内实现经销、生产、研发一体化，自此开辟出了联想数十年的总体路线。

可以说，"贸工技"战略在当时的历史环境下是最适合企业发展的道路，使联想抓住了改革开放巨大的劳动力以及国际化市场红利，2000 年联想的计算机业务的市场份额即取得世界第一，成就了中国市场国内国外 PC 品牌七三开的格局。

柳传志积极推动企业的产权变革，率先建立起现代化企业治理结构。从1989 年开始，柳传志便不断为产权变革做各种准备。在公司内部，他逐渐提高员工的工资奖金；在中科院和计算所里，他不断向领导谏言独立"三权"（人事权、财务权、经营决策权）的重要性，让中科院最终决定部门放弃对企业的权力。1996 年，创业者成功取得了 35% 的分红权，他们拿到分红并没有急着分下去，而是等到 2000 年国家批准可以购买股权，才利用香港联想资产重组的机会，一气购买了联想 35% 的股权，自此联想的创业者成为企业真正的主人。再加上 2009 年，中国泛海控股集团持有 29% 的股份，联想的股权社会化改革全部完成。

联想的股权改革解决了当时多方面的迫切需求：一是对创业者进行股权激励，是企业留住人才、不断创新的高效动力机制；二是与联想从"技工贸"向"贸工技"的战略转型相配套，由于企业早先的决策权大部分掌握在技术人员手中，给予技术人员公司股权，是让他们支持战略转型的重要砝码。

### 5.5.1.3 企业发展战略

在柳传志的带领下，联想在市场扩张过程中采用了"品牌战略"，通过国际并购来打造联想的国际品牌形象。1993 年，联想首次提出了"联想 1+1"

"家用电脑"的概念，将家用和商用电脑区分开来，推动了计算机家电化的趋势，并得到了美国的认可。为了保护联想的品牌形象，公司还主动邀请国家技术监督局对其产品进行定期检查。1990 年，联想获得了 PC 生产许可证，"中国首台自主品牌微机"成为联想的标志。

在经营联想的过程中，柳传志还总结出一套"定战略、搭班子、带队伍"的集团领导艺术，以帮助每个子公司制定正确的发展战略，搭建管理班子和人才队伍，并借助企业文化和激励等机制实施集团战略。在这一套管理理念的指引下，联想培育出一代又一代优秀的企业管理团队和继承人，进而推动联想集团的共同发展。

### 5.5.2 鲁冠球①

鲁冠球（1945~2017 年）于 20 世纪 70 年代创建万向，把万向集团从一个手工作坊发展为跨国企业集团，打造成为中国企业界的"常青树"。按照万向集团的官方说法，自 1969 年创办以来，万向集团以年均递增 25.89% 的速度发展，成为营收超千亿、利润过百亿的现代化跨国企业集团，以汽车零部件制造和销售为主业，布局清洁能源，从事种业研发、远洋捕捞及海洋产品深加工等现代农业。

作为计划经济和改革开放时期承上启下的创业者代表，鲁冠球早年的创业之路并非一帆风顺。为了提高家庭收入，刚年满 15 岁的鲁冠球便到县城当了打铁学徒。后来三年饥荒使鲁冠球被迫下岗返乡，使缺少工作机会而又向往摆脱贫困的鲁冠球主动走上了创业之路。

#### 5.5.2.1 发现机会

1969 年，国家出台了一项政策，允许每个人民公社开办一家农机厂。鲁

---

① 参考资料包括《鲁冠球：一位中国农民、改革者、企业家的成长史》（胡宏伟）等。

冠球看到了这个机会马上去申请。他之前的创业经历给宁围公社的领导留下了一个"能做事"的好印象，便同意了他的申请，让他和他的 6 个农民伙伴去接管宁围公社农机修配厂。鲁冠球借了 4000 元钱，带领 6 个人创办了"宁围公社农机修理厂"。严格来讲，在计划经济体制下，与其说这是家企业，不如把它看作是一个靠生产镰刀、锄头、犁头、船钉等农具产品维持生存的打铁铺。

鲁冠球发现农机修配厂生产的万向节产品大量积压，完全卖不出去，而职工们也已经有半年多没有发出工资。倍感担忧的他立即组织了业务骨干，到处寻找销路。值此生死存亡之际，一个好消息传来：全国汽车零部件订货会将在山东胶南县召开。鲁冠球立即把自己的人手组织起来，前往胶南。但由于是乡镇企业，他们连门都进不去，他只有在召开展会的门口摆起摊子。

鲁冠球发现展会中买卖双方在价钱上谈不拢，而国有企业价格也很难变动。鲁冠球看到了机会："假若自己的产品降价 20%，也还有薄利。好！那我们降价。"

于是，他拍板决定，打出降价广告，比其他厂低 20%，一下子就引来了大量的客户，晚上，他们回旅社一统计，订出 210 万元，库存也几乎清理一空。企业名声一炮打响。

### 5.5.2.2  质量管理与产权创新

1979 年，鲁冠球放弃了所有的产品线，只专注生产万向节。这一想法在当时并不被大家认可。然而，鲁冠球认为，"船小好掉头"，在没有技术和资金的前期条件下，集中所有力量精雕细琢一种产品，才是上策。这一战略方向从后来的发展来看是非常成功的。

除了专注于万向节，鲁冠球还非常关注质量管理。当时，全国生产万向节的工厂有 56 家，竞争非常激烈。鲁冠球认为，如果想要脱颖而出，就必须把好质量关，而质量的背后，便是技术。回忆起当时的场景，整个企业只有几台设备，多数是从国营企业"退役"的，技术能力极其匮乏。然而，缺乏技术并没有阻碍鲁冠球对高质量的追求。

20世纪80年代初，用户写信指出产品质量存在问题，鲁冠球立刻叫人把3万多套不合格的万向节拉回厂里，当着全体员工的面将它们当废铁卖掉，损失达43万元。员工因此半年没发工资，这一事件使所有员工树立起了质量观念。

在企业的产权领域，鲁冠球同样敢于创新。万向节厂创办之初是由宁围乡政府主办，乡政府扮演着所有者和主管单位的双重角色。1983年，鲁冠球决心实施产权改革，他将万向节厂所有资产的50%划归为企业所有，另外50%归乡政府所有；乡政府不直接参加企业利润分配，而是获得企业销售额的20%作为管理费，这一部分也作为销售费用计入成本。

通过产权改革，鲁冠球获得了企业的绝对控制权，他没有为自己争取股份，企业也并没有丧失"集体经济"的地位。1992年，鲁冠球用买断的方式将乡镇企业与当地乡政府产权关系清晰化。这可能是中国乡镇企业最早的产权制度改革。

### 5.5.2.3 企业发展战略

为提高技术，当时鲁冠球创新性地提出了"四先四后"发展战略，即"先生产后生活"，将每年税后利润的80%用于技术改造，以7年折旧的方式更新生产设备，并取消了原本建造食堂、宿舍的计划；"先质量后产量"，建立产品检测中心，对产品进行严格检查；"先上学后上班"，企业办齐了职工业余学校，入学率达90%以上；"先制度后制造"，推行全面质量管理，把责任落实到每个部门、每道工序。此外，鲁冠球每年花巨资引进大学生，他自己也拿起了书本，到浙江大学管理系做旁听生。1980年底，鲁冠球的企业在全国万向节厂的整顿检查中，成绩达到99.4的高分，成为全国仅有的3家万向节定点生产专业厂。1984年，万向的产品打开了国际市场，万向成为中国首家在美国取得成功的汽车零部件厂商。

### 5.5.3 张瑞敏[①]

张瑞敏（1949 年 1 月—）创建了全球白色家电第一品牌海尔，现任海尔集团党委书记、董事局主席、首席执行官。张瑞敏从 1984 年接任青岛电冰箱总厂厂长开始，在 30 多年的时间里带领海尔持续发展。在他的带领下，海尔获得了中国电冰箱史上第一枚质量金牌，同时拉开创世界名牌的序幕。他被授予 Thinkers50 杰出成就奖之"最佳理念实践奖"，是第一位且是唯一一位获得此奖项的中国企业家。

张瑞敏的创新创业之路开始于 1984 年的临危受命。1984 年 12 月，张瑞敏出任青岛电冰箱总厂厂长。当时的青岛电冰箱总厂亏空严重、产品滞销、人心涣散，仅有一个型号的冰箱产品。

5.5.3.1 发现机会

1982 年，33 岁的张瑞敏当上了青岛市家用电器工业公司的副经理，专门负责技术改造。时值改革开放初期引进国外先进技术的热门期，张瑞敏作为青岛家电公司负责技改的领导，也参加了出访德国和意大利考察的队伍。

张瑞敏在与德国签订引进技术设备协议后却发现，厂里根本不具备还款的能力。工厂又处于厂长要求调离、群龙无首的阶段。张瑞敏主动接下这个重担，出任了青岛电冰箱总厂厂长。

5.5.3.2 产品质量与服务创新

当时，企业对产品质量并不重视，冰箱行业普遍存在"轻质量、重产量"的现象。张瑞敏一反其道，在其他厂商都在大规模降价以抢占市场时，他却反

---

① 参考资料包括《25 年，锻造海尔神话》（张瑞敏）、《中国国际化企业集团中的秘书基本素质研究——以海尔集团为案例分析》（冉丽蓉）等。

其道而行，不仅不降价，反而提高产品价格，成功占领市场。张瑞敏领导下的海尔获得了中国电冰箱史上第一枚质量金牌。1992 年它还通过了 ISO9001 国际质量体系认证，成为合格的世界级供应商。接着，海尔瞄准机会，推出了海尔洗衣机、海尔电视、海尔空调等多种家电，以及海尔电脑和海尔手机，张瑞敏成功地通过产品横向扩张的方式，占据了家电行业的高地。

张瑞敏也非常注重服务，使海尔成为国内最早打造优质售后服务体系的企业之一。张瑞敏发现海尔与日本家电之间存在售后服务的差距之后，提出"中国家电企业与松下等企业相比，技术开发能力和资金不占优势，所以在非技术方面应该比外国企业投入更多"的"服务至上"战略，提到海尔需要以客户为核心、注重服务。

他制定了"售后服务五个一"策略。这"五个一"具体指：送一张名片，便于用户随时联系；戴一副鞋套，以免上门维修时踩脏用户房间；带一块垫布，以免损坏用户的地板；带一块抹布，用于维修后擦净电器和地板；送一份纪念品，留下"海尔"对用户的温情。张瑞敏对售后服务同样有着一丝不苟的追求。"售后服务五个一"于细微处见精神，体现了海尔以用户为本、无微不至为用户着想的理念，也是海尔制胜的法宝。

### 5.5.3.3 企业发展战略

张瑞敏提出了"吃休克鱼"的并购战略思路，以拓展海尔的市场影响力。20 世纪 90 年代，许多企业拥有众多资源，但因落后的思想和不当的管理而无法偿还债务。张瑞敏将"休克鱼"比喻为：鱼的肌体没有腐烂，比喻企业的硬件条件很好；鱼处于休克状态，比喻企业的思想和观念落后，导致企业停滞不前。他明白，在中国，"小鱼""慢鱼""鲨鱼"都不能吃，"吃休克鱼"才是当时最佳的选择。在张瑞敏"吃休克鱼"理念的指导下，海尔成功地兼并了 14 家企业、盘活资产近 15 亿元。

### 5.5.4 小结

机会和创新相互影响造成的时代结果便是推进了市场化的进程，市场经济缓慢复苏，民营企业逐渐活跃在历史舞台中，如图 5-4 所示。这一时期政策变化最为显著，主要是对内改革和对外开放政策的实施，激活了原有的市场活力，直接导致的结果是私营企业的增加以及消费市场的激活。因此，社会变化主要表现为民营经济的出现、沿海特区的出现和消费需求的增加。在科技方面，信息技术的出现是这段时间最大的科技变化。

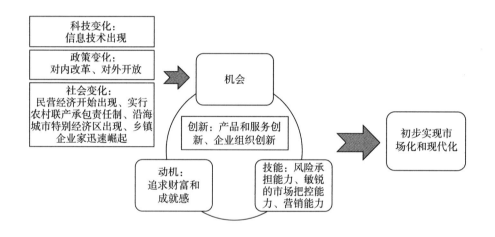

**图 5-4　改革开放时期企业家精神特点和影响**

这一时期出现的企业家也呈现出独有的特点。企业家动机方面，经历了新中国成立初期的贫穷和饥饿，很多企业家开始创业的主要动机是为了追求财富。家庭联产承包责任制、乡镇企业等的出现便是这一需求的表现。企业家技能方面，这一时期的企业家技能之一是风险承担的能力较强。尽管宏观环境的剧变产生了极多的市场空白和市场需求，但在全新的制度环境下创业或承担制度变迁的后果具有极大的风险。因此，这一时期无论是体制内还是"下海"创业的企业家都有非常强的风险承担能力。

在创新方面，这一时期最大的创新便是生产端的创新。这主要是因为当时的经济几乎处于重新建设阶段，除新中国成立初期发展的重工业，几乎所有行业都在待开发阶段。由于市场空白和市场需求巨大，在当时的宏观环境中较少需要市场端的创新。新产品和新服务的出现是这一时期最主要的创新，以满足巨大的市场需求。另外，较为重要的创新是企业的组织创新。这主要是源于体制转型过程中企业发展的诉求。从以计划分配为主的企业转换为市场需求主导的企业需要从组织形式开始改变，比如联想的产权变革逐渐减弱了中科院对企业的权力，使企业可以更好地满足市场的需求。

## 5.6　深化改革时期企业家精神的内涵与影响

### 5.6.1　王石①

王石（1951年1月—），万科集团创始人。王石出身于军人家庭，初中毕业后参军5年，经推荐上了大学，进入兰州铁道学院给水排水专业，毕业后分别在广州铁路局、广东省外经委工作。之后下海到深圳，曾从事倒买倒卖贸易，1984年成立"现代科教仪器展销中心"，1988年，更名为万科，并进行股份化改造，募资2800万元。1991年，万科在深交所挂牌上市。2016年8月，万科在"2016中国

---

① 参考资料包括《王石如是说》（任伟）、《我们房地产这些年》（卜凡中）等。

企业500强"中排第86位。王石一手打造了万科，同时致力于写书、游学、登山、做慈善等，兴趣丰富，涉猎广泛。2017年6月，66岁的王石从万科退休。

王石1951年出生于广西省柳州市。他在1984年离开国有企业，创立了中国第一家品牌化房地产公司——万科集团。他通过引进国际先进的管理经验和技术，打造了完善的管理体系，成功地推动了中国房地产市场的发展，使万科发展成为中国房地产业的巨头。

### 5.6.1.1　发现机会

改革开放推进了市场化进程，经济快速复苏，尤其是南方沿海城市发展非常快。然而，20世纪80年代初期，中国的房地产市场还相对落后，房屋供应不足，市场需求相对较大。国家计划经济体制仍然在缓慢改革阶段，因此对私人投资、土地使用等方面的政策法规尚未完全明确，因此房地产市场的发展还受到一定程度的限制。

随着国家经济政策的调整，特别是1988年国家发布《城市房地产管理条例》后，私人投资和市场化的房地产市场开始得到政策支持和法律保障。此外，城市化进程的加速和人口数量的不断增长，也为房地产市场提供了巨大的机遇。

在这样的背景下，王石看到了房地产市场的潜力，他决定创立一家具有品牌意识、注重质量和服务的房地产公司。他相信，通过引进国际先进的管理经验和技术，打造一套完善的管理体系，可以为中国的房地产市场注入新的活力和竞争力。

### 5.6.1.2　专业化模式创新

1993年，国家的宏观政策对房地产行业并不友好，王石在这个时期坚定地选择房地产行业体现了其极大的前瞻性视野与勇气。为了实现专业化发展，他们放弃了怡宝、扬声器、万佳等赚钱且市场份额不错的业务线。尽管万佳有成为中国沃尔玛的潜力，但王石认为专业化是实现核心竞争力的关键。

只做房地产已经是非常艰难的选择，决定只做住宅则是更艰难的决定。当时的大部分房地产企业的业务都会涵盖住宅、写字楼、商场、酒店，早期的万科也不例外。但在1995年，王石决定将所有非住宅项目全部改为住宅。当时的决定遭到一些项目经理的反对，但王石态度强硬，"凡是不接受的，不管是项目总经理还是董事长一律换掉"。这也是精品住宅战略的开端。王石表示，他不再追求高速增长，而是追求将房地产做透。

经过数年的调整，万科在1999年完成了"做减法"的行业调整，这体现了王石不同凡响的决心和执行力。在这期间，他多次参加朱镕基总理的座谈会，讨论关于住宅行业能否成为支柱产业的议题。王石认为当时房地产发展的条件并不成熟，至少还需要四年时间，并对地产的发展发表见解及建议，却因此得到总理赏识，被聘请为地产顾问。

进入地产的第一天，万科就决定要做精品住宅。王石说"我只做精品住宅，在确定万科的合理利润回报后，不惜工本地把住宅精致化，力求每一个万科花园都是一座碑"。

万科的精品住宅理念首先体现在住宅本身的质量上。1995年，王石撰写了一篇名为《质量是万科地产的生命线》的文章，其中说道，"尽管万科的质量在不断提高，但是和西方发达国家的水平还有差距，除了我们开发商自身提高之外，还必须在施工方面进行彻底改变，通过住宅产业化、工厂化的过程，把我们的质量提升到一定的高度"。

为了加强质量管理，万科从2000年开始采取了一系列行动，比如推出建材电子交易平台；成立客户服务管理部门，处理客户的投诉；启动"合金计划"，打造集团内统一的工程质量管理规范；实施设计标准化计划；启动"磐石行动"，对万科未来的工程管理提出发展策略等。

### 5.6.1.3 企业发展战略

除了注重住宅质量，万科也将精力集中到小区物业管理方面。万科的物业管理观念来源于索尼的售后服务。王石曾说："我们在 1988 年以后，基本上就和索尼公司没有什么业务往来了，但万科深受索尼一些企业文化的影响"，王石要求万科所有员工都学习索尼售后服务的理念，并将其运用到房地产物业管理中。

1990 年，深圳万科物业管理公司成立，是国内最早一批引进"共管式"物业管理方式的公司之一。该方式明确了业主和物业公司的权责，由二者共同管理小区。同年 8 月，在万科进入地产后的第一个项目——深圳天景花园交房前，王石向业主承诺，小区工程垃圾尽快清理，做到绿草如茵、地上没有一片纸屑、小区内不丢一辆自行车。这些对于当时在深圳交易的楼盘来说，都是很难实现的，但万科物业公司做到了。天景花园的物业建成后，得到了社会的广泛认可，多次荣获深圳市优秀住宅小区称号。精益求精、客户至上的物业管理，令万科得到了市场的认可。

## 5.6.2　王传福[①]

王传福（1966 年 2 月—），安徽芜湖人，1990 年毕业后留在北京有色金属研究总院工作，1995 年辞职，创办比亚迪公司，短短几年时间，发展成为中国第一、全球第二的充电电池制造商，2003 年进入汽车行业，现为比亚迪股份有限公司董事局主席兼总裁、比亚迪电子（国际）有限公司主席。王传福开始主要生产电池，后进入电动汽车行业，是推动电动汽车发展的重要人物。他是"技术派"代表，从头到尾都是自主开发研制产品，直接介入供应商的材料开发环节，

---

[①]　参考资料包括《王传福创新型企业家思想体系与比亚迪的发展研究》（石易）、《中国品牌之比亚迪 20 年坎坷发展史》（宋楠）等。

具有低成本优势。

王传福 1966 年出生于安徽芜湖一个普通的农民家庭。他曾经做过钳工和汽修工，这为后来他进入汽车行业积累了很多技术经验。1990 年，王传福毕业后留在北京有色金属研究总院工作，更深入地掌握了管理和生产方面的知识。1995 年，他从有色金属研究总院辞职，创办了比亚迪公司，他一直坚持创新驱动、技术领先的战略，使比亚迪后来成功转型成为全球新能源汽车制造商。

### 5.6.2.1　发现机会

当时在国营企业工作的王传福看到了市场对电池的需求，而市面上的电池价格高、品质差，且王传福在读研究生期间就非常重视电池研究，因此在全民"下海"的 1994 年，王传福也加入了这个创业浪潮，他创办了以电池生产为主营业务的比亚迪。后来，王传福在 2003 年转型开始涉足新能源汽车领域。尽管当时国家政策并没有对这一领域有较大支持，但他以卓越的企业家眼光，对新能源汽车进行了大量的研发和生产投入。后来随着国家政策的不断完善和政策支持力度的加大，比亚迪公司在新能源汽车领域的研发和生产也得到了更多的支持和关注，从而使公司在行业内处于领先地位。

### 5.6.2.2　技术创新

比亚迪最初主要生产第三方品牌的镍镉充电电池，并逐渐转型成为新能源汽车制造商。王传福非常重视技术创新，并提出了一套独特的理念，即分解研发模式。他认为"核心技术 30% 来源于对国外产品学习原理和特性的拆分，60% 来源于公开文献中合适的非专利技术，5% 来源于原材料，而只有 5% 来源于自身的研究"。这个理论的核心在于大量采用非专利技术，使自己快速拥有核心技术，避免了研发专利技术带来的高经济和时间成本。通过这种方法，比亚迪集成了大量非专利技术。

王传福在 2003 年决定进军电动汽车领域，将比亚迪定位于研发生产新能源汽车。转型之初，由于高技术投入以及较小的市场规模，导致公司利润连续几年下滑，然而王传福却坚定认为向电动汽车转型是正确的战略方向。

2006 年，比亚迪成功研发出第一款搭载磷酸铁电池的 F3e 电动车，但是由于国家政策以及充电设施的不充分，无法将其推向市场。然而，王传福并没有停止在电动汽车领域的研发步伐。相反，他将公司其他领域的利润用于混动技术的预研项目。随着新能源汽车制造商纷纷推出搭载三元锂或多元复合电池的车型，王传福也开始将动力源从"铁电池"转向"锰电池"，研发拥有绝对性能和成本优势的动力电池。

### 5.6.2.3　企业发展战略

2014 年，比亚迪开始全面转型成为新能源汽车制造商。王传福还将非专利技术组合的创新应用到了汽车外形等方面，使比亚迪在模具开发、整车制造、车型研发等方面都走上了自主创新的道路，接轨国际水平，成为中国"技术派"的自主创新品牌登台国际市场。通过非专利技术组合，王传福带领比亚迪先后推出比亚迪 F3、F3R、F6 汽车，成为市场占有率较高的自主品牌车型。

## 5.6.3　宁高宁[①]

宁高宁（1958 年 11 月—），山东滨州人。1983 年毕业于山东大学，获经济学学士学位；1987 年毕业于美国匹兹堡大学，获工商管理学硕士学位。1987 年，进入华润（集团）有限公司；1990 年 3 月，任华润创业有限公司董事兼董事总经理；1992 年，任华润创业有限公司总经理；1996 年，任华润（集团）有限公司董事、副总经理；1999 年，任华润（集团）有限公司副董事长和董事会主席、华润

---

①　参考资料包括《从草根到三大央企掌门人，"并购之王"宁高宁如何缔造中国的红色摩根?》（晏舒）、《宁高宁万字长文谈中化转型》（中化集团）等。

（集团）有限公司及中国华润总公司董事长兼总经理、华润北京置地有限公司主席；2004 年 12 月 28 日至 2016 年 1 月，任中粮集团董事长；2016 年 1 月 5 日，任中化集团董事长、党组书记；2018 年 6 月，兼任中国化工党委书记、董事长。

1983 年，大学毕业的宁高宁通过了全国研究生考试，公派选拔到美国匹兹堡大学攻读工商管理学硕士。求学时期，他不仅学习本专业的课程，也经常旁听经济学的课。这段时间的学习经历使他在思考国有企业改革问题时拥有更广阔的国际视野。

1987 年，学成归国的宁高宁加入了华润集团，这家拥有 83 年历史的央企也是当时国内最为市场化的央企，为宁高宁成为中国央企掌门人埋下了伏笔。

### 5.6.3.1 发现机会

宁高宁进入华润后，恰逢华润收购上市公司永利达企业，被任命为董事兼总经理的宁高宁通过大刀阔斧的改革和资本运作，使企业在两年内赚了 4 亿多元。这一役，他一战成名。后来他在华润杂志上发表的《二十六只猫和一只老虎》的故事非常好地诠释了他的经营理念——通过并购打造强大的企业集团。

有如此理念的主要原因之一是当时中国处于经济增长大环境良好的阶段，市场化伊始，并购扩张可以快速占领空白市场。其次，当时香港与内地开始有较强的经济联系，而华润集团本身基因使然，可以同时利用香港和内地的资源。2001 年中国加入 WTO 也再一次增强了内陆市场与国际市场间的联系。这些都为宁高宁实施并购整合提供了市场机遇。

以并购手段完成垂直整合，迅速形成规模，是宁高宁的整合思路之一。宁高宁在主掌华润期间，一方面全面重组与改造华润内部，另一方面则通过大量并购、扩张，带领华润从香港打回内地，将华润的业务延伸至基础设施、房地产、金融、零售、啤酒等诸多领域。

### 5.6.3.2 国企改革创新

2004 年，宁高宁加入中粮集团。作为一个空降兵，他并没有像在华润一样实行大刀阔斧的改革，而是积极调研，了解情况。他指出，中粮所面临的问题非常复杂，需要解决转型、体制、管理方式等多个方面的问题，这与其他国家的企业所面临的问题是不同的。因此，中粮需要找到一个系统性的解决方案来应对这些挑战。

在他的领导下，中粮成功实施了"集团有限相关多元化、业务单元专业化"的战略转型，确定了在生物能源、粮食流通、粮油加工、品牌食品、地产酒店、金融投资、土畜产等行业奠定领导地位的发展目标。2004 年，宁高宁入主中粮时，集团总资产为 598 亿元；2014 年，中粮的总资产和营业收入均超过了 700 亿美元（约 4543 亿元人民币），在全球主要粮食企业中位居前三。

在宁高宁到任中粮两年内，中粮集团进行了出色完美的重组，完成了"中粮国际"（现改名"中国食品"）和"中国粮油"在香港的上市，同时还引入了国际资本市场的监督与评估机制，放大国有资本功能，使企业的核心竞争力进一步得到强化。至 2007 年初，中粮进行了几次大手笔的运作，将原有的 30 多个业务单元分别集中于 9 大板块。这个举措为中粮逐步搭建相对多元化投资控股的构架奠定了基础，进一步清晰和完善了中粮集团粮油食品贸易、粮油初加工、品牌消费品等行业之间的逻辑，造就了属于中粮的特色商业模式。宁高宁认为，在企业转型的过程中，一定要"跳"出价值链最低端，把自己提升到高端的利润区中，而这一利润区的特征就是技术、品牌和领导地位。

虽然单一品牌有利于企业形象的统一，减少营销成本，但是多品牌更容易降低市场风险，展现公司雄厚的实力。宁高宁入主中粮后，集团就启动了一系列的品牌再造运动，将旗下的"福临门""东海""长城""金帝"等品牌进行重组，提高这些品牌的驱动力。除继续保持食品行业的竞争优势外，宁高宁将新能源作为中粮突破性的增长点。

宁高宁亲手操作了新世纪的国企改革，并将"职业经理人"的概念与实际操作深度融合，起到了很好的示范作用。国企改革碰到的第一个问题就是"政企不分"。作为体现政企关系的一个重要载体，国企经理人员的定位、职责转换问题，至今并没有完全解决。宁高宁出任中粮董事长后就将"中粮集团中层干部会"改名为"中粮经理人年会"，并提出了"做行业专家"的战略。做行业专家不仅仅是个人的追求，也是企业的追求。

### 5.6.3.3　企业发展战略

宁高宁要求中粮"从管理实践中总结提炼出属于自己的培训课程。要针对各个层面的不同培训需求，把架构搭好，把流程弄清楚，再提炼出题目来。然后设计好路径，通过组织学习和集体研讨，让大家弄明白班子建设的基本道理和方法。如果这样总结提炼出管用的几条，就形成了我们自己的特色"。这种具有强烈针对性的问题导向型培训，大大增强了团队的凝聚力和战斗力，尤其能帮助职业经理人提高自身素质和威望，理清团队的组织架构和发展方向。

面对大规模的收购和迅速增多的子公司，宁高宁在中粮实施了"6S"管理体系，其中包括战略管理体系、全面预算体系、管理报告体系、内部审计体系、业绩评价体系以及经理人评价体系。"6S"的导入，是中粮通过对主营业务的整合和集团资源的重新配置，实现对业务单元战略管理的过程，它将打破固有的管理链条，使战略的构建、落实、监控和执行更加有力、有效。

宁高宁认为，诚信是企业的生命。不论是在华润还是在中粮，他都一直践行着诚信这一企业的至高准则。中粮集团不断探索食品安全的保障模式，希望摸索出一套行之有效的管理方法，力求使产业链的每个环节都能按照食品安全的要求做好，每个环节都拿出合格的产品交付给下一个环节，这样产业链的内部就可以形成一个理想的、自我调节的食品生态系统。

加入中化集团后，宁高宁全力推动中化集团转型为科学技术驱动的创新平台公司，提出了"创新三角"，把创新的主体、创新的方法、创新的文化定义为搞好企业创新的三大互相支撑的要素。他提出要对现有业务进行效率升级的"互联网+"的数字化改造，未来以产品质量取胜，不以拼成本为竞争方式。在石油炼化的下游，氟化工的下游，农药、化肥的延伸下游发展新技术，形成上下游的协同合力，并且要做好准备通过研发或并购进入新的行业，进一步地，还可以通过 PE 式非控股的投资进入新的行业，如 AI、基因工程、生物医药等发展快速的前沿科学领域。

### 5.6.4　小结

机会和创新相互影响造成的时代结果便是推进了市场化、资本化、城镇化的建设。这一时期无论是宏观环境还是企业家特质都越来越复杂和多元，如图5-5 所示。

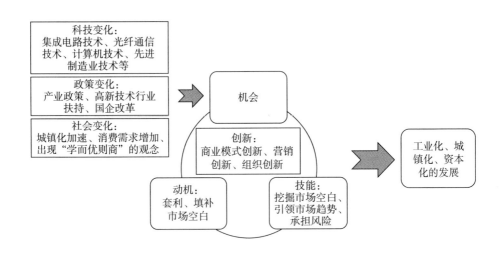

**图 5-5　深化改革时期企业家精神特点和影响**

宏观环境中最为明显的变化是社会环境的变化。首先是城镇化进程的提速，对房地产行业的需求逐渐增加。房地产行业、工业、工商业发展的需求共同促进了金融行业现代化体制的建立，多元创新经营模式在这一时期明显增加。城镇化加速带来了消费需求的进一步提高，轻工业的发展在消费需求的带动下实现了新的突破，从生产端到市场端的创新更加明显。社会变化中另一个较大的转变是人们思想观念上的变化，从"学而优则仕"逐渐向"学而优则商"转变，在政策、科技、市场等各种利好因素下，过去老百姓追求的体制内的工作不再是最优之选，越来越多人"下海"从商。

当然，这一系列变化很大程度是受到政策环境变化的影响。政策上更加明确了通过改革推进市场化进程的信念，市场化加速的必然结果便是国企改革以及通过产业政策推进私营企业的发展。因此政策变化对当时宏观环境的影响非常显著。

科技变化则主要集中在集成电路技术、光纤通信技术、计算机技术、先进制造业技术等方面。这一时期的技术仍是以学习和模仿为主，尽管技术优势在这一时期并不明显，但基础建设为后来的科技快速突破提供了基础。

这一时期企业家们呈现的特点越来越多元，很难将他们用几个关键特点概括。企业家动机方面，市场供给与中国经济快速发展所带来的消费需求不匹配带来了非常大的市场空白，而引入国外先进技术、产品以及服务可以很好地填补这些市场空白。因此，这一时期的企业家们很多是受到国外先进技术的启发在中国开始企业家活动。另外，政策环境和社会环境的快速变化产生了政策红利和人口红利，也有很多企业家以套利为目的开始企业家活动。

企业家技能方面，这一时期的企业家最明显的特点之一是挖掘市场空白以及引领市场趋势的能力。这一时期很多行业都经历着从无到有的过程，在百业待兴的时间点抓住机遇是这一批企业家们的卓越技能。另外，很多企业家放弃体制内工作"下海"经商需要承担巨大的风险，因此这一时期的企业家们承担风险的能力也非常明显。

在创新方面，这一时期最大的创新是市场端的创新，包括营销创新和商业模式创新，主要原因是市场需求的激增及行业竞争的加剧，使更多的企业家把快速占领市场作为企业生存的必要手段。广告营销、渠道营销等是这一时期企业竞争的重要手段，以轻工业企业为例；也有一些行业将市场需求细分，针对不同的细分市场提供不同的产品和服务，以房地产行业和金融行业为例。

另一个主要的创新是组织创新，主要是作为促进市场化发展的必要手段，这一时期国有企业改革以提高市场化水平为目的。

## 5.7　互联网时期企业家精神的内涵与影响

### 5.7.1　任正非[①]

任正非（1944 年 10 月—），出生于贵州省镇宁县，1963 年就读于重庆建筑工程学院，毕业后就业于建筑工程单位。1974 年入伍成为基建工程兵，历任技术员、工程师、副所长（技术副团级），无军衔，期间因工程建设中的贡献出席了 1978 年的全国科学大会和 1982 年的中共第十二次全国代表大会。1987 年，任正非集资 2.1 万元创立华为技术有限公司，1988 年任华为公司总裁。2018 年 3 月，任正非不再担任副董事长，变为董事会成员。

---

[①]　参考资料包括《任正非传》（孙力科）、《九死一生的坚持》（李洪文）等。

任正非 1944 年出生于贵州省镇宁县。1987 年，任正非集资 2.1 万元创立华为技术有限公司，最初的业务是代理销售一些通信设备和技术。尽管前期业务发展缓慢，但任正非始终相信，自主研发和创新才是企业长期发展的根本。这一理念也为华为成为全球领先的通信设备制造商之一奠定了基础。

### 5.7.1.1  发现机会

任正非在中国电信工作时主要负责私人分支交换机的技术支持和销售，他注意到当时中国通信技术市场被国外企业垄断，国内缺乏自主研发的能力，于是他发现了中国通信市场的发展潜力和市场空缺。

因此，他在 1987 年创立了华为公司。一方面，由于国内已经对电话有着一定的需求，对当时国内的商家来说，谁能最先掌握信息谁就能做市场的赢家；另一方面，由于西方国家在高科技方面的出口限制，我国无法引进生产线，以港台地区为跳板将交换机运回国内便是一个巨大的市场。因此，代销交换器也就成了任正非的主要业务。他的前公司给了他一些优惠的政策，比如允许他把在中国电信公司的一些客户和供应商带到华为公司来，同时中国电信公司也成为华为公司的第一家客户，从而帮助华为公司初步站稳了脚跟。

### 5.7.1.2  技术创新

在前期，由于任正非在质量和服务上投入了很多，华为在上百家代理商中脱颖而出，甚至出现了卖断货的局面。然而任正非意识到，只有服务上的创新还远远不够，企业需要拥有自己的交换机。任正非把之前赚的投入到了交换机的研发中。1989 年，任正非的 48 门 HJD48 交换机问世，不到 1 年时间，便获得了超过 1 亿元的销售额。华为也从 6 人的团队扩大到了 100 余人。

在 48 门 HJD48 交换机取得成功后，任正非又将目光盯在了程控交换机上。这种交换机不仅可以用于企事业单位内部的沟通，还具备长途交流的功能，是种类繁杂的交换机中使用价值最高、对技术要求最高，也是需要投入经费最多的一种。然而，这种交换机仅在美国、日本和欧洲的一些发达国家出现过，对于 20 世纪 90 年代初期的中国，其研发的难度不亚于当年的詹天佑修建京张铁路。

1991 年，国内首个程控交换机研发成功，关注已久的任正非看到了希望，在华为提出研发程控交换机。但是这一提议却遭到了公司管理层的反对，但任正非仍然坚持自主研发，背水一战，1993 年率先研发出了模拟空分局用交换机 JK1000，在市场上获得了初步的认可和成功。在之后的发展中，任正非也都坚持投入研发，不断地更新升级产品和技术，而不是单纯地依靠、止步于一两种商品的销售，被短期的销售收益冲昏头脑。这也使华为避免了像同时代的巨龙、大唐两个公司一样衰败的命运。

可以发现，华为从创立之初便一直把研发作为公司的核心战略。每年的研发投入占营收的比例一直维持在 10% 以上。华为每年投入数十亿美元用于研发，同时在全球范围内建立了多个研究中心和实验室，拥有超过 8 万名研发人员。公司积极投入 5G、云计算、人工智能等前沿技术的研发，不断推动技术的升级和发展。例如，华为在 5G 领域中已经开展了超过 20 年的研究，是全球领先的 5G 技术提供商之一。华为在专利创新方面也非常积极。截至 2021 年底，华为已经拥有了超过 9.5 万项专利，其中超过 90% 的专利是自主研发的。此外，华为还在全球范围内主动向其他公司授权其专利，希望通过开放合作的方式共同推动技术的创新和进步。

### 5.7.1.3 企业发展战略

任正非一直致力于钻研卡脖子技术。以研发芯片为例，任正非深知华为不能有战略上的漏洞，否则将来会被轻易地卡住，因此坚持研发芯片。在 2012 年 9 月的"2012 诺亚方舟实验室"专家座谈会上，任正非表示：做高端芯片的主要目的不是为了和芯片巨头竞争，而是为了保证华为能够持续使用芯片。如果公司出现战略性的漏洞，将会导致几千亿美元的损失，而不仅仅是几百亿美元的损失。因此，不能让别人卡住脖子，最终导致华为的死亡。这是公司的战略旗帜，任正非坚定地认为不能动摇。

任正非多年来一直坚持着国际化的经营策略。自 1996 年起，任正非就开始走出内地，与香港李嘉诚的和记公司在交换机领域开展合作，并以此打入国际市场。1996 年，任正非瞄准处于低谷的俄罗斯市场，与俄罗斯贝托康采恩公司合资组建"贝托—华为"跨国公司，2003 年贝托—华为销售额突破 1 亿美元，在俄罗斯的国家传输网中承建了近 4000 千米超长距离 30G 的传输网络。1997 年，华为开始走进非洲和拉美等发展较慢的国家，并以"农村包围城市"的思路，逐步挺进英国、荷兰、德国和美国等发达国家。虽然在海外的发展尤为艰难，期间遇到过诸如华为和思科的"世纪之讼"等难题，但任正非依然能够坚持本心，坚定地将国货打出去。2004 年，华为的扩张范围已达 77 个国家和地区，其中还包含了 14 个发达国家。发展至今，华为产品已经遍布世界各地。

在任正非这位具有长远目光和极具魄力的企业家的带领下，华为从最初的 6 个人发展为遍布全球的拥有 20 万员工的大公司，产品从最初的交换机发展到各式各样的手机、电脑、可穿戴设备以及智能家居。华为的名号不仅响遍全国，更是闻名世界。2017 年华为实现销售收入 6036 亿元，净利润 475 亿元，在 2018 年世界 500 强中位列第 72 名，超过了没有入榜的高通，直逼位于 69 名的微软。

### 5.7.2  马化腾[①]

马化腾（1971 年 10 月—），腾讯公司主要创办人之一。现任腾讯公司控股董事会主席兼首席执行官；全国青联副主席。2009 年，腾讯入选《财富》"全球最受尊敬 50 家公司"。2017 年 8 月 7 日，腾

---

① 参考资料包括《马化腾传》（邵瑞鹏）、《激荡三十年》（刘晓波）等。

讯股价盘中再创历史新高，为 320.6 港元，马化腾身家 361 亿美元成为中国首富。2018 年 4 月，获《时代周刊》2018 年全球最具影响力人物荣誉。

1998 年，马化腾与几个合伙人一起创办了腾讯公司，公司最初的主要业务是开发即时通讯软件。在不断的创新和改进下，QQ 迅速成为中国最受欢迎的即时通讯工具之一。腾讯公司随后逐渐扩展业务范围，涵盖了社交网络、在线游戏、移动支付、云计算等多个领域。

5.7.2.1 发现机会

1993 年，马化腾从计算机专业毕业后进入国内最大的寻呼企业润迅工作。当时，互联网在中国还处于初期发展阶段。在后来的工作中，他发现公司内部使用的即时通讯工具存在不少问题，如不稳定、易被攻击等。他也看到了手机行业的快速发展，觉得寻呼业注定要成为夕阳产业。伴随着中国互联网用户数量的迅速增长，中国需要有一个稳定的即时通讯软件来满足用户需求。

从 1995 年开始，互联网在中国的兴起让马化腾产生了通过互联网"寻呼"的想法，即通过互联网将信息在两个虚拟的寻呼号之间传递，这也是马化腾最早的关于即时通讯的构想雏形。

基于这些观察，他与同事们花费大量时间和精力开发出了"OICQ"即时通讯软件，这个软件后来被改名为 QQ，并成为腾讯公司最为核心的产品之一。

5.7.2.2 模仿创新到技术创新

1996 年，三个服完兵役的以色列青年开发了第一款依托于互联网的即时通讯软件 ICQ，它允许用户将好友添加至对话列表，并且当对方在线时便可以直接用互联网发送信息。这款小小的软件一经上市立马风靡世界，甚至在 1998 年被美国在线以 4 亿美元收购。由于这款软件只将英语作为界面语言，马化腾便着手做出了自己的第一款即时通讯软件 OICQ 的规划。他注意到，虽然整个国内市场存在许多 ICQ 的汉化软件，但是它们都保留了 ICQ 原本的问题：信息保留在客户端。欧美国家大多是人手一台电脑，所以把信息保留在客户端是没有问题的，但是中国人大多还是利用单位电脑、网吧电脑来上网，每更换一次电脑消息就会被全部清空，使许多人十分困扰。这并不是技术上的难题，但是其他公司并没有注意到这一点所带来的用户体验，使得马化腾决定要在技术微创新的基础之上推出这款产品，将信息保存在服务器端，这样信息就不会每次登录都被清除。

马化腾在创业过程中不仅采用了模仿创新的方式，还细致地分析了中国本土用户的需求，并在产品设计中充分考虑了这些需求。他认识到在中国，即时通讯软件更多的是满足年轻人的交友需求，而不仅仅是一种联络方式。因此，在 1999 年推出的 OICQ 软件中，他加入了离线留言模式、陌生人交友机制和个性头像等功能，这些功能满足了中国用户的需求，并且成为 OICQ 的特色。此外，马化腾还考虑到中国当时的网速较慢，将 OICQ 的文件大小控制在几百 KB 以内，而不像其他汉化版本需要几 MB，从而大大缩短了下载时间，更符合中国用户的需求。

这些本土化的创新不仅让 OICQ 收获许多用户，迅速传遍了中国的每一台电脑和每一个用户，还奠定了马化腾对于产品用户体验的高度重视的理念。这也是马化腾最早的云端处理的理念，即以服务器存储代替客户端存储，这一理念在今天的互联网时代得到了广泛的应用。

2002 年，QQ 推出了群聊功能，这大大提高了 QQ 的社区化。社区化之后的一个直接需求就是，用户想要在这个虚拟社区里实现自己的虚拟人性化，也就是追求自我的个性化表达。这无疑是一个令人兴奋的机会。同年 8 月，腾讯的一个员工注意到，韩国的一个社区网站 sayclub.com 有一个叫"阿凡达"的功能，现在俗称"捏脸"，也就是允许用户自定义自己在社区的虚拟角色的发型、服饰、背景等要素，来实现虚拟形象的个性化展示。这款产品的主要消费对象是韩国 25 岁以下的年轻人，这一用户群体与 QQ 的使用者十分吻合，并且从国内来看，中国网民更习惯于即时通讯社交，而不是网站留言社交，所以腾讯是最适合的"阿凡达"载体。此外，腾讯还有 Q 币的支付手段，这将使得道具收费更容易实现。马化腾听取了这个意见，QQ 秀应运而生。

QQ 秀的效果也是惊人的，推出不到半年，就有 500 万人对它进行消费，平均每人消费 5 元。QQ 秀对于腾讯的意义也是重大的，在 ICQ 仍然在寻找盈利方向时，QQ 通过虚拟商品的销售实现了即时通讯软件的华丽转身：它使 QQ 不仅是一款软件，更使使用 QQ 的每一个用户成为一个虚拟社区中的 QQ 人。而如此多的人对于 QQ 秀的消费，常常使得西方研究者十分费解，他们没有注意到的是，中国网民有从现实生活中的压抑里出逃的心态，每个人都渴望重塑自己的社会地位与社会等级，所以他们想要在一个虚拟的形象中实现自己的诉求。这无疑又是一次本土化创新的胜利。

腾讯在入主游戏市场之前，中国已经形成了休闲棋牌类市场里的联众世界，大型网络游戏里的盛大、九城和网易为主导的游戏市场格局。马化腾决定首先从最简单的休闲类棋牌游戏入手。2004 年，腾讯游戏上线，从游戏界面、规则到聊天快捷键等，都与当时的联众世界并无二样，但是令联众世界恐惧的是，QQ 上会显示某用户正在玩某某游戏，他的好友在 QQ 界面上点击，就可以直接进入该游戏，这样额外的基于两亿用户的随机进入游戏机制，使得腾讯游戏在不到一年的时间就将联众游戏整个击垮。

初步尝到了甜头之后，马化腾决定将游戏业务的范畴从休闲棋牌类游戏升级到中等休闲游戏，做出了 QQ 堂、QQ 宠物等游戏。然而，休闲类游戏的市场份额相对于大型网游来说并不大，马化腾仍然没有放弃对大型网游市场的追逐。当时的大多数网游都绕不开"打怪升级"的模式，然而其他模式的游戏并未退出市场，只不过还没有一家公司来把这些零散在不同游戏里的玩家整合在一起。2007 年底，腾讯取得了韩国开发的"穿越火线"和"地下城与勇士"两款游戏的代理权，它们分别聚焦在"即时枪战"与"格斗街机"上，游戏体验感很好并且十分容易上手，到了 2008 年底，这两款游戏的同时在线人数就爆炸性地增长到了数百万人。找对了产品，QQ 所积累的数亿用户的流量效应便迅速变成了滚滚的现金收入，到了 2009 年第二季度，腾讯的网游业务利润已达到了 1.8 亿美元，而此时盛大只有 0.625 亿美元，网易只有 0.685 亿美元，腾讯俨然成为新的网游产业霸主。其通过 Q 币搭建的道具支付体系和利用 QQ 账号登录的机制，使得各个网游变成了不同 QQ 用户的亚社区，就像最初购买 QQ 秀的疯狂一样，每个玩家都有彰显自己个性与地位的需求，腾讯顺势推出与此相适应的"贵族特权机制"，点燃了整个游戏市场的激情。

马化腾还着力于构建由腾讯主导的商业生态圈。他在各个领域的迅速扩张行为引起了众多互联网企业董事长的联名指责，而其中最为致命的打击，莫过于周鸿祎在 2010 年发起的"3Q 大战"了。腾讯虽然赢了官司，却输了舆论。这也让马化腾彻底转变了"赢家通吃"的帝国思想，开始考虑构建一个更加"开放"的战略格局，马化腾也称之为"打开未来之门"。腾讯不再做那个"让别人无路可走的人"，不再做那个别人创新成果背后的收割者，马化腾开始更多地谈"投资"、谈"合作"，试图通过形成一个商业联盟，来打造"一站式"服务帝国。2014～2016 年，腾讯先后投资了滴滴打车、人人贷、大众点评、京东等公司，利用"资金支持+用户导流"的方式为所投资的公司提供支持，从而形成了一个由腾讯主导的有机商业生态圈。

### 5.7.2.3 企业发展战略

腾讯产品成功的一个重要因素，就是其内部的"赛马机制"。马化腾曾对互联网公司的特征做出过总结，其中一条就是保持一定的冗余度，即给内部的产品试错的机会，具体表现就是对同一个想法允许多个项目组并行前进，而最成功的案例非微信莫属。2007 年，当苹果和谷歌分别发布了手机系统之后，立刻掀起了互联网终端由电脑转移到手机的热潮，敏锐地察觉到这一趋势的张小龙提议要做"微信"。而在同一时期，也出现了米聊、飞信等手机聊天软件，但是微信最为头痛的竞争对手正是腾讯 QQ 的手机版本。由于手机 QQ 可以直接由电脑 QQ 账户登录，所以其拥有比微信更好更天然的流量来源，而这也倒逼微信想尽一切办法去赢得这场战争。2011 年，微信推出语音聊天功能，实现了第一次用户激增；同年晚期，又相继推出摇一摇与漂流瓶功能。2012 年，微信又推出了"万能的朋友圈"，引爆了社交软件的热潮，使得微信用户突破了 1 亿人。在此之后，微信更是不断迭代，推出了公众号、微信支付和小程序等多种功能，搭建了基于社交的生态环境，实现了对腾讯手机 QQ 的超越。可以说，如果没有"赛马机制"，就逼不出现在的微信。

### 5.7.3 雷军[①]

雷军（1969 年 12 月—）出生于湖北省仙桃市，1987 年考入武汉大学计算机系，入学 2 年就修完了 4 年的课程甚至完成了大学的毕业设计，之后便开始闯荡计算机市场并创业三色公司。1992 年加入金山公司工作了 16 年，其间雷军被提拔至公司总裁，完成了金山的IPO，2007 年辞去金山 CEO 职务，2011 年又回到金山出任董事长。2010 年创办小米，2018 年 7 月小米公司在香港上市，市值超过 4500 亿港元。雷军身兼数职，担任法人的企业有 15 家，担任股东的有 8 家，担任高管的有 76 家，总计 139 家。除了作为多家公司的董事和高管外，2011 年雷军还作为投资人设立了天使投资基金顺为资本，投资了许多优秀的公司。

雷军算是互联网行业的老革命了。他在 20 世纪 90 年代初进入了金山，年

---

① 参考资料包括《雷军传》（陈润）、雷军公开访谈资料等。

纪轻轻就当上了 CEO。他在金山软件遭遇困境时，通过改变经营策略，将重心从办公软件转向工具软件，并开发了金山影霸、金山词霸、金山毒霸等软件，使公司渡过难关。他也没有放弃核心产品 WPS 的开发，最终使金山软件成为国内最大的通用软件公司，并在 2007 年 10 月在香港联交所上市。

2000 年，雷军在经营金山之余打造了卓越网，成为中国 B2C 电子商务的领军者。2007 年资本涌动之时，雷军加入了投资人的行列，投出了一批批优秀的企业，成为国内优秀的天使投资人，并于 2011 年创立了顺为资本。2010年，雷军看到了智能手机的发展趋势和前景，以"为发烧而生"的概念，打造了新国货小米手机。从管理者到投资人再到创业者，雷军的顺势而为不仅让他扮演好了经历的每一个角色，还使雷军能够成为国内引领潮流的人，中国也因此诞生了许多优质的企业。

### 5.7.3.1 发现机会

雷军在金山工作了 15 年，这期间他陪伴着金山多次转型，几经波折。2007 年，金山终于在香港上市。然而，这次经历却没有给雷军足够的心理满足，反而使他产生了极大的失落。金山的估值与它的后起之秀——阿里、百度等差距甚大，甚至让雷军对自己的价值产生了怀疑。

离开金山的雷军，做了一段时间的天使投资人，成功投资了 UCweb、凡客诚品、YY 多玩等项目。对于创业者来说，雷军能带来的不仅是金钱，还有他成功的管理经营经验。拉卡拉的孙陶然曾说："雷军一个人基本相当于拉卡拉的半个创业团队。"确实，雷军在互联网及其相关领域的经验是极其丰富的，为了使资本能够更好地服务于产业，2011 年雷军创办了顺为资本，专注于互联网及其相关领域，但这并没有让雷军满足，他仍然想要做真正属于自己的事业。

在 2010 年，雷军感受到了国内手机市场的巨大潜力，特别是智能手机的发展前景。当时，国内的手机市场被国际大厂商所垄断，国产手机品牌几乎无法在市场上占据一席之地。雷军深知，在这样的市场环境下，想要打造一个真正成功的国产手机品牌，必须有与众不同的产品和商业模式。此时，雷军开始研究国内和国外的手机市场，分析行业状况和发展趋势，最终确定了创办小米。

雷军看到，国外手机市场的主流是高端品牌，如苹果、三星等，这些品牌在中国市场也占据着主导地位。而中国消费者由于价格等因素，无法购买这些高端品牌的手机，只能选择价格更为实惠的国产手机。然而，这些国产手机在用户体验和品质方面往往无法与高端品牌相提并论。

基于这个认识，雷军想到了一个创新的商业模式：通过控制产品成本，以极具性价比的价格向广大消费者提供高品质、高性能的智能手机。同时，通过互联网销售、社交媒体和口碑营销等方式，建立与用户的密切联系，促进品牌快速扩散。这个商业模式被称为"互联网+手机"，成为小米创业的核心。

### 5.7.3.2 模式创新

虽然雷军在软件方面很有经验，但是对于硬件却是一个新人，不仅行业资源不多，技术积累也较少。最重要的是，手机的精密程度远高于组装电脑，手机并不是简单地把屏幕和芯片组合一起就可以使用的。而在当时，面对已经比较成熟的苹果、三星、摩托罗拉、诺基亚等手机厂商，若还是按照传统的路子走，想后来者居上简直是天方夜谭。

雷军选择了用互联网思维重造手机，同时也打造了互联网营销的新玩法。小米公司成立后，雷军并没有把做手机当作第一要务，而是带领公司开发了基于 Android 系统的优化定制手机操作系统 MIUI，并把大量时间花费在与用户的互动上，在论坛上与用户沟通产品体验以便改进。由于将手机刷为 MIUI 系统也有一定的技术难度，因此刚开始只找到了 100 人，但是随着系统的优化，口碑渐渐地传开，每星期的用户量都以指数的方式增加，用户很快就超过了1500 万。此外，雷军还开发了一款智能手机语音聊天应用米聊，仅用一年半的时间，米聊的累计用户便超过了 1700 万人，同时在线用户也超过 100 万人。虽然微信的出现对米聊产生了致命的打击，但是这款软件却给小米公司积攒了不少的米粉。

MIUI 和米聊两款产品给即将诞生的小米手机赚足了人气。在积攒了大量的粉丝后，雷军推出了筹备已久的第一款小米手机——小米 M1。小米手机做工精致，追求极致，不放过每一个细节，相比同级产品价格低廉，具有极高的性价比。加上早期在论坛中的预热和积攒的粉丝，小米手机也获得了极好的口碑。2011 年 9 月 5 日，小米第一次在线预售，34 小时售出 30 万台；12 月 18 日小米第二次预售，3 小时售出 10 万台。雷军仅用 1 年半的时间，便将小米手机发展成了中国第一，不仅造就了一段神话，更是推动了整个手机行业的进步，提高了中国智能手机的普及率。

### 5.7.3.3 企业发展战略

雷军开创精品硬件生态战略，打造新国货。围绕小米手机，雷军不断创新，还做出了小米电视、小米盒子、小米路由器、小米净化器等一系列商品组合，形成了小米生态。根据小米商城的展示统计，小米公司在售的商品已经超过了 430 种。在产品方面，雷军坚持高品质、高颜值、高性价比，并运用互联网思维进行线上线下销售，结合消费升级做出新国货，希望能够改变国人甚至世界对中国货的印象，把小米公司做成科技界的无印良品。

雷军打造的小米公司，仅用 8 年时间就从零起步发展到了全球第四。这期间消灭了中国的山寨手机，推动了智能手机的发展，并通过生态链产品改变了100 多个行业。小米公司于 2018 年 7 月在香港上市，市值超过 4500 亿港元。雷军也实现了自己打造世界一流公司的梦想，同时在世界企业发展史上也留下了非凡的成就。

### 5.7.4 张一鸣[①]

张一鸣（1983 年 6 月—），北京字节跳动科技有限公司创始人兼 CEO，该公司推出了基于数据挖掘的今日头条和内涵段子、火山小视频、抖音、悟空问答等产品。张一鸣 2005 年毕业于南开大学软件工程专业，曾参与创建酷讯、九九房等多家互联网公司。2013 年，他入选《福布斯》"中国 30 位 30 岁以下的创业者"；2014 年，他获得新浪科技评选的年度新锐科技领袖称号；2017 年，他再次入选《财富》"中国 40 位 40 岁以下的商业精英"，是中国国内互联网行业最受关注的青年领袖之一。

#### 5.7.4.1 发现机会

张一鸣创办今日头条是在 2012 年。当时，中国互联网市场已经进入快速发展的阶段，移动互联网的普及使得人们的阅读和获取信息的方式发生了巨大变化，越来越多的人开始使用手机、平板等移动设备浏览新闻和资讯。在这种情况下，传统媒体的传播方式受到了挑战，新型互联网媒体的发展空间也越来越大。张一鸣认识到，在移动互联网时代，伴随着信息的爆炸式增长，互联网企业的痛点已经不再是如何提供信息，而是怎样满足每个用户的个性化信息需求。正是这种对解决用户信息需求的极度渴望，才促使张一鸣将再次创业的方向选定在精准内容推荐领域。

#### 5.7.4.2 技术创新

张一鸣创立的"今日头条"（总公司于 2008 年更名为"字节跳动"），凭借精准的新闻推荐在行业内站住了脚。当时，新媒体领域逐渐呈现出三种形

---

① 参考资料包括《张一鸣：巨头卧榻之侧》（赵霞）、《张一鸣的战役与战局》（翟文婷）、《领跑者张一鸣：我当然想做龙头》（张茜）等。

态：一是着重"内容生产"，如传统媒体公众号、自媒体联盟；二是以新闻门户应用软件为代表的"内容+平台"；三是今日头条这类"内容分发"模式。在移动互联网的内容生态链中，张一鸣给今日头条选择的角色是"分发平台、创作工具提供者，协助变现，也是商业化合作者"。为了准确地进行内容分发，张一鸣采用个性化信息推送模式，通过对"关键词、用户位置、浏览时间、速度、动作"等数据进行挖掘，给每个用户的兴趣和需求画像，从而精准地推送个性化、定制信息。

更具体地来说，字节跳动通过在大数据和人工智能领域的不断投入，研发出了一系列领先的算法和个性化推荐技术，如今日头条的内容推荐、抖音的短视频推荐等。这些技术能够根据用户的兴趣、阅读习惯、地理位置等多方面信息，为用户提供高质量、个性化的内容推荐，提高用户黏性和用户留存率。

接下来，张一鸣在分发平台的基础上叠加创作和孵化的功能，试图带领今日头条成为移动互联网内容生态系统的"龙头"。做好个性化推荐后，张一鸣关注到，有一群人，尽管他们有创作能力，但是没技术、没运营、没销售、没市场。因此，在分发和技术的门槛解决之后，张一鸣想到继续扩充公司的服务内容，用孵化解决内容创作上"青黄不接"的问题，让自媒体创作者在互联网生态系统中活得更好。基于此类考虑，张一鸣研发了"头条号"为内容创作者提供工具，满足他们的创作需求；研发了"抖音"来激发年轻人分享生活、创作短视频的活力；在2017年11月第三届今日头条创作者大会上，推出"千人百万粉"计划，即在未来一年内在平台上孵化出1000个百万粉丝账号，让至少1000个人拥有100万粉丝。

### 5.7.4.3　企业发展战略

张一鸣领导公司不断布局的互联网生态和不断扩展的公司边界导致字节跳动公司旗下的产品覆盖面越来越广，竞争对手越来越多。新闻分发领域的今日头条与百度、腾讯对峙；短视频领域的火山小视频、抖音对阵快手、秒拍；问答领域的悟空问答对阵知乎；微头条瞄准新浪微博；头条号与微信公众号、UC 头条、百家号、一点资讯等平台争夺创作者资源。这主要原因在于字节跳动在多个领域实现了跨界创新，例如在电商领域推出"抖音电商"，将短视频和电商结合起来，通过直播、短视频等形式实现产品营销；在教育领域推出"今日头条大学"，为用户提供丰富的在线学习资源，改变了传统教育的模式和形式。

字节跳动将国际化作为其发展战略的重要一环，通过收购海外企业、建立海外研发中心等方式进入国际市场。例如，通过收购美国短视频应用 Musical.ly 并改名为 TikTok，成功进入了国际市场，成为全球最受欢迎的短视频应用之一。

字节跳动积极推行开放平台战略，将内部资源和技术开放给合作伙伴，建立合作生态。例如，开放"头条号"平台，吸引了众多创作者和媒体入驻，为用户提供更丰富、更优质的内容，同时也为品牌主提供更多的广告投放渠道。

### 5.7.5  小结

企业家精神带来的时代结果便是推进了全面的五化发展，无论是工业化、资本化、城镇化、信息化还是现代化都达到了非常高的水平。这一时期企业家精神的具体表现如图 5-6 所示。

宏观环境中最为显著的变化是科技变化，宽带网络全面覆盖、智能手机的普及、互联网技术的加速发展、大数据和人工智能等新技术的出现，为我国追赶乃至赶超世界现代化国家提供了捷径。

科技变化对社会环境产生了非常大的作用，人们对新技术的接受能力提高，对信息化产品和服务的需求增加。消费需求的转变为我国互联网企业追求本地化创新提供了肥沃的土壤。

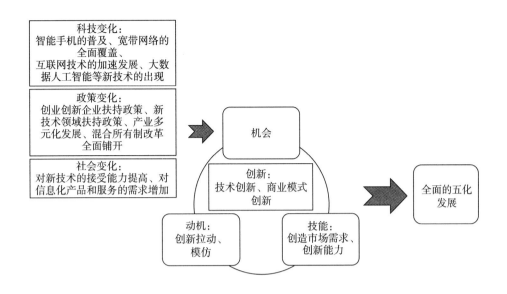

**图 5-6　互联网时期企业家精神的特点和影响**

　　而政策方面，逐渐趋于稳定的内外环境使国家更注重内部的全面发展，将国家资源分散到各行各业，其中对创新创业型企业的扶持力度空前，加速提升我国整体创新能力。政策方面也持续将深化改革作为重点，进一步放松对国家垄断行业的准入限制，持续推进市场化进程，打造有序健康的竞争环境。

　　企业家们的特点在这一时期比较统一。企业家动机方面，由于技术更新出现了一大批创新拉动型企业家，他们拥有新技术、新知识，因此有意愿将这些技术市场化。当然在前期也有一批企业家是以模仿外国企业为动力从事企业家活动的。

　　企业家技能方面，这一时期的企业家有非常强的创新能力，无论是技术创新、模式创新还是组织创新都达到了一个新的高度，而且他们善于创造市场需求、引领新的市场趋势。可以说，这一时期的企业家呈现的企业家精神是非常全面的，他们敢于承担风险，乐于创新，有领导力，能够准确把握市场，等等。

而创新方面，最主要的创新便是技术创新和商业模式创新，主要原因是信息技术的发展改变了整个市场，为生产端和市场端提供了无限的可能性。而社会环境对于新事物的接受能力也逐渐提高，使企业家们可以更好地从事创新活动。

毋庸置疑，中国的企业家们是这一新领域的领跑者。在这场数字革命中，中国的企业家从落后，到模仿，再到追赶，实现了中国式的创新。

# 6

# 结论和局限

## 6.1　结　论

本书主要是通过梳理我国从晚清至今企业家精神发展的脉络以研究我国企业家精神的特点和影响。根据前面的分析，我们将各个时期企业家精神的特点和影响列出来，如表6-1所示。可以发现，在不同历史背景下企业家精神的表现有很大不同。

表6-1　各时期企业家精神对比

|  | 科技变化 | 政策变化 | 社会文化变化 | 动机 | 技能 | 创新 | 影响 |
|---|---|---|---|---|---|---|---|
| 晚清 | 机器时代来临 | 洋务运动兴起，改革运动 | 人口增长速度明显、内忧外患战争频发、商人地位提高 | 救亡图存 | 善于利用政府关系、良好的知识基础 | 管理创新、组织创新 | 现代化和工业化发展的开端 |

| | 科技变化 | 政策变化 | 社会文化变化 | 动机 | 技能 | 创新 | 影响 |
|---|---|---|---|---|---|---|---|
| 民国 | 西方先进技术和管理理念不断传入中国 | 鼓励和支持知识分子海外求学、对外资企业的限制加剧 | 民族主义的形成和成熟、第一次世界大战的开始、城市化进程加速 | 富强国家、抵制国际侵略 | 善于发现普通老百姓的需求、遵循以人为本的民主管理方式 | 管理创新、服务与产品创新 | 工业化、资本化建设加速 |
| 新中国成立到改革开放前 | 与苏联合作建设工业化 | 实行计划经济、人民公社化、"文化大革命"等 | 经济发展缓慢、民营企业几乎绝迹 | 推动工业化发展 | 学习能力、人才培养 | 管理创新 | 工业化建设 |
| 改革开放时期 | 信息技术出现 | 对内改革、对外开放 | 民营经济开始出现、沿海城市特别经济区出现、消费需求增加 | 追求财富 | 风险承担能力 | 产品和服务创新、企业组织创新 | 市场化推进 |
| 深化改革时期 | 集成电路技术、光纤通信技术、计算机技术、先进制造业技术等 | 产业政策、高新技术行业扶持、国企改革 | 城镇化加速、消费需求增加，出现"学而优则商"的观念转变 | 套利、填补市场空白 | 挖掘市场空白、引领市场趋势、承担风险 | 商业模式创新、营销创新、组织创新 | 工业化、城镇化、资本化的发展 |
| 互联网时期 | 智能手机的普及、宽带网络的全面覆盖、互联网技术的加速发展、大数据人工智能等新技术的出现 | 创业投资企业扶持政策、新技术领域扶持政策、产业多元化发展、混合所有制改革全面铺开 | 对新技术的接受能力提高、对信息化产品和服务的需求增加 | 创新拉动、模仿 | 创造市场需求、创新能力 | 技术创新、商业模式创新 | 全面的五化发展 |

通过对比分析从晚清开始六个时期的企业家精神，我们可以将企业家精神分为环境驱动型企业家精神和创新驱动型企业家精神，分别匹配柯兹纳的发现型企业家和熊彼特的创造型企业家。

环境驱动型企业家主要的企业家能力是他们发现机会的能力，而这个机会是在宏观环境变迁中产生的，是客观存在的。企业家精神在互联网时期之前多属于环境驱动型，比如在内忧外患之际，企业家从事企业活动的重要原因便是救亡图存，富国强民。在改革开放与深化改革时期企业家特质则是以套利和填补消费需求为主。这期间，创新主要是以组织创新、服务与产品创新、管理创新、营销创新、商业模式创新为主，企业家们从事的企业家活动主要是利用宏观环境变化中的不均衡找到市场存在的空白。他们善于发现市场的不均衡，对政策红利、人口红利、技术红利等非常敏感，因此擅长通过套利的方式积累财富。

环境驱动型企业家精神是依托于宏观环境的变化，由外生作用驱动的。因此需要不断通过政策推动、科技引进或者社会变革的方式产生市场的不均衡，是对宏观环境的不断消耗，可持续性较弱。这一时期的企业家精神的体现如图6-1所示。此类型企业家匹配 Leibenstein（1968）所定义的常规型企业家。

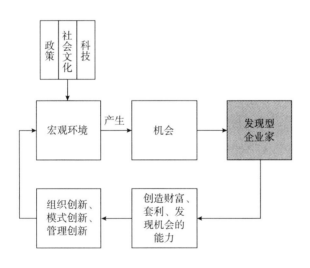

**图 6-1 环境驱动型企业家精神**

而创新驱动型企业家的主要能力是他们的技术创新能力，新的技术创造了新的机会，这是一个从无到有的过程。而他们以创新为主要手段从事企业家活动时会影响到宏观环境的发展，继而驱动产生发现型企业家，延续环境驱动路径。

随着互联网时代的到来，我国科技创新能力逐渐提升，有些企业家逐渐从发现市场空白转换为创造市场需求。企业家精神也逐渐从受宏观环境影响转变为影响宏观环境，他们的企业家活动对政策、社会、科技变化都产生了明显的影响，出现了创新驱动型企业家，即以技术创新的方式影响我国的发展。这一时期的企业家精神逐渐开始匹配熊彼特的"创造理论"，比如阿里巴巴的移动支付技术彻底改变了社会文化环境。

创新驱动型企业家精神是内生驱动的。科技创新不仅可以带来新的机会，也可以直接影响政策、文化和科技，产生新的知识，继而推动环境驱动型企业家精神的出现。这是不断内生循环的过程，有较强的可持续性，如图 6-2 所示。

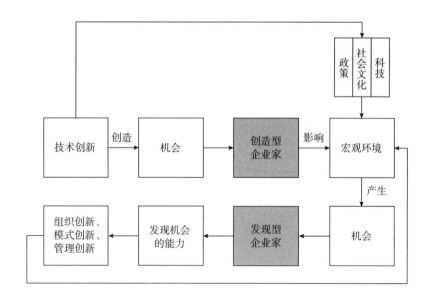

图 6-2　创新驱动型企业家精神

可以发现，科技变化、政策变化、社会变化共同产生了企业家机会，且三者之间也存在非常大的关联性。比如，晚清时期机器时代的来临使守旧的中国逐渐成为落后的国家，列强对中国的侵略加剧，使先进的知识分子意识到学习先进知识和技术的重要性，开始了洋务运动，这也直接影响到了商人的社会地位，改变了我国"重农轻商"的社会文化。因此，单一讨论一类变化与企业家精神的关系并不能准确定义当时的企业家精神。

在政策变化方面，从晚清至改革开放之前，我国实行的都是政策主导经济的治理手段。改革开放之后，政府主导地位逐渐弱化。自 1992 年起，对国有企业的改革力度逐渐加大，但在一些重点领域，比如铁路、石油、军工等领域仍然实行垄断策略。不过随着政策的不断推进和落实，2017 年对垄断领域的试点改革取得了显著成果，也意味着我国市场化的全面展开。虽然政府逐渐放权市场，但是对于创新创业企业、高新技术企业、高速发展行业等的扶持倾斜逐渐加大。可见，政府在宏观调控方面仍然起到非常大的作用。

在科技变化方面，我国在改革开放之前几乎都是实行直接引进的方式，在自主研发方面的投资力度非常低，主要的创新集中在管理创新、组织创新等软创新方面。之后，直到互联网时期的后半段，2010 年前后，我国逐渐从直接引进转变为模仿加本土化创新，主要的创新在模式创新方面。2010 年之后，互联网对世界格局的重新洗牌为我国企业创造了超越的机会，逐渐产生了引领世界的科技创新。

在社会文化变化方面，一个非常显著的变化是企业家的地位。从晚清到新中国成立之前，企业家地位逐渐提高，到计划经济时期，企业家精神几乎绝迹，改革开放之后，企业家精神逐渐开始复苏。到 2017 年，逐渐出现与企业家精神相关的政策文件，企业家精神的重要性受到了广泛的认可，企业家地位显著提高。城镇化加速、消费需求的增加、对新技术的包容性增强、人口密度越发集中等对宏观环境皆产生了显著的影响。

另外，在梳理我国企业家精神发展的历程时发现，企业家精神在中国语境中呈现出独有的特点，表现为明显的爱国热情和社会责任感。在晚清和民国时期，企业家们从事企业活动的主要动机是富国强民和抵制外国侵略；到了计划经济时期，即使受到错误的批判，也有优秀的国有企业管理者以推进工业化进程发展国家经济为主要目标在前线奋斗。改革开放后的 20 余年时间里，由于经济重新洗牌，有很多企业家从事企业活动的主要原因是追求财富和套利，但随着企业发展逐渐平稳，国家宏观形势趋于稳定，企业家们逐渐开始重新承担起社会责任，自发发起各种民间组织为社会贡献力量，比如阿拉善 SEE、亚布力企业家协会、蚂蚁森林等。

这和我国儒家思想的传承不无关系。孟子提出"穷则独善其身，达则兼济天下"。企业家们不单单追求经济利益，更懂得回馈社会。他们关注社会福利、国家未来。企业家们开始参与到公益组织中，推进环保、建设生态环境、协助建设商业文明等，实现了企业家精神的升华。可见，在中国语义中，企业家精神除了企业家能力、企业家机会、企业家创新外，也包含了企业家社会责任的概念。

总体来说，企业家精神在发展的过程中对我国整体五化的发展起到了明显的积极作用。从最开始促进工业化发展，到促进工业化和现代化的进程，再到推进市场化、城镇化、资本化发展，最后到信息化发展，实现了全面的五化发展。

# 6.2 局限以及未来研究

本书主要是利用二手数据所做的定性研究，收集的数据以个人传记、人物评述、新闻报道、国家宏观经济数据等为主。尽管利用二手数据有便捷、低成本、高效率等多种优势，但仅利用二手数据也存在一些问题。首先，由于二手数据并不是围绕问题存在的，在相关性和准确性上存在不足。研究者需要收集多样化的二手数据并对这些数据进行二次解析才能获得结论，可能存在较强的主观性。其次，本书讨论的时间跨度接近两百年，由于研究时间不足无法非常细致地回答所有相关的问题。尽管收集了很多样本数据，但呈现出的内容和结论受到限制。

因此，考虑到未来就本书研究的延伸，首先，笔者将增加一手数据的比重，采访相关企业家、经济史方面的教授、政府人员等，提高研究的客观性。其次，进一步完善每一时期的内容，增加样本数据，以更好地阐释企业家精神的百年发展史。

# 参考文献

［1］Ahmad, N. , Seymour, R. Defining Entrepreneurial Activity：Definitions Supporting Frameworks for Data Collection ［EB/OL］. OECD Statistics Working Paper, Available at SSRN：https：//ssrn. com/abstract = 1090372 or http：// dx. doi. org/10. 2139/ssrn. 1090372.

［2］Aldrich, H. E. , Wiedenmayer, G. From Traits to Rates：An Ecological Perspective on Organizational Foundings ［J］. Advances in Entrepreneurship, Firm Emergence, and Growth, 1993（1）：145-195.

［3］Baranano, A. M. , Bommer, M. , Jalajas, D. S. Sources of Innovation for High-tech SMEs：A Comparison of USA, Canada, and Portugal ［J］. International Journal of Technology Management, 2005, 30（1）：205-219.

［4］Baregheh, A. , Rowley, J. , Sambrook, S. Towards A Multidisciplinary Definition of Innovation ［J］. Management Decision, 2009, 47（8）：1323 - 1339.

［5］Bessant, J. , Lamming, R. , Noke, H. , Phillips, W. Managing Innovation Beyond the Steady State ［J］. Technovation, 2005, 25（12）：1366-1376.

［6］Bhide, A. The Origin and Evolution of New Businesses ［M］. New York：Oxford University Press, 2000.

［7］Blau, G. J. Using A Person-environment Fit Model to Predict Job Involvement and Organizational Commitment ［J］. Journal of Vocational Behavior, 1987, 30（3）: 240-257.

［8］Casson, M. The Entrepreneur: An Economic Theory ［M］. Rowman & Littlefield, 1982.

［9］Casson, M. Entrepreneurship and Business Culture ［A］. Entrepreneurship and Business Culture ［M］. E. Elgar Plublishing, 1995.

［10］Chrisman, J. J., Katrishen, F. The Small Business Development Center programme in the USA: A Statistical Analysis of its Impact on Economic Development ［J］. Entrepreneurship & Regional Development, 1995, 7（2）: 143-155.

［11］Cohen, W. M., Levinthal, D. A. Absorptive Capacity: A New Perspective on Learning and Innovation ［J］. Administrative Science Quarterly, 1990: 128-152.

［12］Cunningham, J. B., Lischeron, J. Defining Entrepreneurship ［J］. Journal of Small Business Management, 1991, 29（1）: 45-61.

［13］Denzin, N. K. The Research Act: A Theoretical Introduction to Sociological methods ［M］. Routledge, 2017.

［14］Dosi, G. Sources, Procedures, and Microeconomic Effects of Innovation ［J］. Journal of Economic Literature, 1988, 26（3）: 1120-1171.

［15］Drucker, P. F. Innovative and Entrepreneurship, Practice and Principles ［M］. New York: Harper & Row. Retrieved April, 2013.

［16］Funk, I., Wagnalls, A. Standard College Dictionary ［M］. New York: Harcourt, Brace & World, Inc. New, 1968.

［17］Gaglio, C. M., Katz, J. A. The Psychological Basis of Opportunity Identification: Entrepreneurial Alertness ［J］. Small Business Economics, 2001,

16 (2): 95-111.

[18] Garfield, C. Peak Performers: The New Heroes of American Business [M] . New York: Willam Morrow and Company, 1987.

[19] Hayek, F. A. The Use of Knowledge in Society [J] . The American Economic Review, 1945 (4): 519-530.

[20] Holmes, T. J., Schmitz Jr, J. A. Competition at Work: Railroads vs. Monopoly in the US Shipping Industry [J] . Federal Reserve Bank of Minneapolis Quarterly Review, 2001, 25 (2): 3-29.

[21] Jick, T. D. Mixing Qualitative and Quantitative Methods: Triangulation in action [J] . Administrative Science Quarterly, 1979 (24): 602-611.

[22] Kanbur, S. M. Of Risk Taking and the Personal Distribution of Income [J] . Journal of Political Economy, 1979, 87 (4): 769-797.

[23] Kao, R. W. Entrepreneurship and Enterprise Development [M] . Holt, Rinehart & Winston of Canada, 1989.

[24] Kirzner, M. Competition and Entrepreneurship [M] . University of Chicago Press, 1973.

[25] Kirzner, M. Entrepreneurial Discovery and the Competitive Market Process: An Austrian Approach [J] . Journal of Economic Literature, 1997, 35 (1): 60-85.

[26] Knight, F. Risk, Uncertainty, and Profit [M] . Houghton Mifflin, 1921.

[27] Koberg, C. S., Detienne, D. R., Heppard, K. A. An Empirical Test of Environmental, Organizational, and Process Factors Affecting Incremental and Radical Innovation [J] . The Journal of High Technology Management Research, 2003, 14 (1): 21-45.

［28］ Lee, S. M., Peterson, S. J. Culture, Entrepreneurial Orientation, and Global Competitiveness ［J/OL］. Journal of World Business, 2000, 35（4）: 401-416. doi: http://dx. doi. org/10. 1016/S1090-9516（00）00045-6.

［29］ Leibenstein, H. Entrepreneurship and Development ［J］. The American Economic Review, 1968, 58（2）: 72-83.

［30］ Lundström, A., Stevenson, L. Entrepreneurship Policy: Theory and practice ［M］. New York: Springer, 2005.

［31］ McClelland, D. C. Achieving Society ［M］. Simon and Schuster,1967.

［32］ McClelland, D. C., Winter, D. G. Motivating Economic Achievement ［M］. Free Press, 1969.

［33］ Mill, J. S. Principles of Political Economy with Some of Their Applications to Social Philosophy ［M］. Toronto: University of Toronto Press, 1848.

［34］ Nallari, R., Griffith, B. Understanding Growth and Poverty: Theory, Policy, and Empirics ［M］. World Bank Publications, 2011.

［35］ Nooteboom, B. Innovation and Diffusion in Small Firms: Theory and Evidence ［J］. Small Business Economics, 1994, 6（5）: 327-347.

［36］ Nooteboom, B., Groningen, R. Schumpeterian and Austrian Entrepreneurship: A Unified Process of Innovation and Diffusion ［M］. Faculteit Bedrijfskunde, Rijksuniversiteit Groningen, 1993.

［37］ Outcalt, C. The Notion of Entrepreneurship: Historical and Emerging issues ［C］. Celcee Kauffman Center for Entrepreneurial Leadership Working Paper, 2000.

［38］ Qian, G., Li, L. Profitability of Small-and Medium-sized Enterprises in High-tech Industries: The Case of the Biotechnology Industry ［J］. Strategic Management Journal, 2003, 24（9）: 881-887.

［39］ Rauch, A., Frese, M. Let's Put the Person Back into Entrepreneur-ship Research: A Meta-analysis on the Relationship between Business Owners' Personality traits, Business Creation, and Success ［J］. European Journal of Work and Organizational Psychology, 2007, 16 (4): 353-385.

［40］ Reynolds, P. D., Camp, S., Bygrave, W., Autio, E., Hay, M. Global Entrepreneurship Monitor Gem 2001 Summary Report ［R］. London Busi-ness School and Babson College, 2002.

［41］ Robertson, T. S. The Process of Innovation and the Diffusion of Innova-tion ［J］. Journal of Marketing, 1967, 31 (1): 14-19.

［42］ Roscoe, J. Can Entrepreneurship be Taught? ［J］. MBA Magazine, June-July, 1973.

［43］ Say, J. B. Cours Complet D'économie Politique Pratique ［M］. Sociététypographique Belge, 1843.

［44］ Schumpeter, J. A. The Theory of Economic Development: An Inquiry in-to Profits, Capital, Credit, Interest, and the Business Cycle ［M］. Transaction Publishers, 1934.

［45］ Shane, S. Explaining Variation in Rates of Entrepreneurship in the Unit-ed States: 1899-1988 ［J］. Journal of Management, 1996, 22 (5): 747-781.

［46］ Shane, S. A General Theory of Entrepreneurship: The Individual-oppor-tunity Nexus ［M］. Edward Elgar Publishing, 2003.

［47］ Shane, S., Venkataraman, S. The Promise of Entrepreneurship as A Field of Research ［J/OL］. Academy of Management Review, 2000, 25 (1): 217-226. doi: 10.5465/amr.2000.2791611.

［48］ Spulber, D. F. The Innovative Entrepreneur ［M］. Cambridge University Press, 2014.

［49］ Stein, J. M. The random house college dictionary ［M］. Random House Inc., 1989.

［50］ Sveiby, K. E. The New Organizational Wealth：Managing & Measuring Knowledge-based Assets ［M］. Berrett-Koehler Publishers, 1997.

［51］ Thurow, L. C. The Future of Capitalism：How Today's Economic Forces Shape Tomorrow's World ［M］. Nicholas Brealey London, 1996.

［52］ Van Praag, M., Versloot, P. The Economic Benefits and Costs of Entrepreneurship：A Review of the Research ［J］. Foundations and Trends in Entrepreneurship, 2008, 4 (2)：65-154.

［53］ Venkataraman, S. The Distinctive Domain of Entrepreneurship Research ［J］. Advances in Entrepreneurship, Firm Emergence and Growth, 1997, 3 (1)：119-138.

［54］ Wickham, P. A. Strategic Entrepreneurship ［M］. Pearson Education, 2003.

［55］ Winter, S. G., Nelson, R. R. An Evolutionary Theory of Economic Change ［Z］. University of Illinois at Urbana-Champaign's Academy for Entrepreneurial Leadership Historical Research Reference in Entrepreneurship, 1982.

［56］ Wu, B., Knott, A. M. Entrepreneurial Risk and Market Entry ［J］. Management Science, 2006, 52 (9)：1315-1330.

［57］冯海红, 曲婉, 孙启新. 企业家先验知识、治理模式与创新策略选择 ［J］. 科研管理, 2015, 36 (10)：66-76.

［58］李宏彬, 李杏, 姚先国, 张海峰, 张俊森. 企业家的创业与创新精神对中国经济增长的影响 ［J］. 经济研究, 2009 (10)：99-108.

［59］李约瑟, 袁以苇. 中国科学技术史 ［M］. 北京：科学出版社, 1975.

［60］林苞．知识溢出与创业——基于中国地区数据的研究［J］．科学学与科学技术管理，2013（9）：142-148.

［61］张维迎．企业的企业家：契约理论［M］．上海：三联书店上海分店，1995.

［62］张维迎，盛斌．论企业家——经济增长的国王［J］．读书，2004（7）：68.

［63］庄子银．创新、企业家活动配置与长期经济增长［J］．经济研究，2007（8）：82-94.